工业和信息化普通高等教育 "十三五"规划教材立项项目 | 高等院校**电子商务类** 新形态系列教材

U0742446

移动电商

微课版 第2版

李冠杰 邹卒 / 主编

刘娜 李林洋 王光颖 / 副主编

Mobile
Ecommerce

人民邮电出版社
北 京

图书在版编目（CIP）数据

移动电商：微课版 / 李冠杰，邹卒主编. -- 2版
. -- 北京：人民邮电出版社，2022.5（2024.6重印）
高等院校电子商务类新形态系列教材
ISBN 978-7-115-58561-5

Ⅰ. ①移… Ⅱ. ①李… ②邹… Ⅲ. ①电子商务-高
等学校-教材 Ⅳ. ①F713.36

中国版本图书馆CIP数据核字(2022)第015669号

内 容 提 要

本书全面、系统地阐释了移动电商的相关理论与实践知识。全书共 10 章，具体包括移动电商概述、移动电商的商业模式、跨境移动电商、移动电商团队管理、手机淘宝、微信与微博营销、App 营销、移动支付、直播营销和移动电商实战应用案例等内容。全书注重课程思政理念的培养，突出具有中国特色的移动电商理论知识。

本书配套有 PPT 课件、参考答案、教学大纲、电子教案、课程思政案例等资源，用书教师可在人邮教育社区免费下载。

本书既适合作为高等院校电子商务、市场营销等相关专业的教材，也可供不同层次的移动电商相关从业人员学习和参考。

◆ 主　　编　李冠杰　邹　卒
　　副主编　刘　娜　李林洋　王光颖
　　责任编辑　孙燕燕
　　责任印制　李　东　胡　南
◆ 人民邮电出版社出版发行　　北京市丰台区成寿寺路 11 号
　　邮编　100164　　电子邮件　315@ptpress.com.cn
　　网址　https://www.ptpress.com.cn
　　三河市君旺印务有限公司印刷
◆ 开本：787×1092　1/16
　　印张：11.75　　　　　　　2022 年 5 月第 2 版
　　字数：284 千字　　　　　2024 年 6 月河北第 3 次印刷

定价：42.00 元

读者服务热线：(010)81055256　印装质量热线：(010)81055316
反盗版热线：(010)81055315
广告经营许可证：京东市监广登字 20170147 号

前　言

目前，我国的移动互联网已经得到迅猛发展，并且日益趋于成熟。截至 2021 年 6 月，我国网民规模达 10.11 亿人，较 2020 年 12 月增长 2175 万人，互联网普及率达 71.6%，较 2020 年 12 月提升 1.2 个百分点。其中，我国手机网民规模达 10.07 亿人，较 2020 年 12 月增长 2092 万人，网民使用手机上网的比例为 99.6%。同时，移动电商正加速与制造业、零售业、事业单位、政府机构等的融合，推动服务转型升级，催生新兴业态，成为提供公共产品、公共服务，推动经济发展的新力量。由此可见，移动电商已经颠覆了传统的电商模式，新的电商时代来临。

移动电商的迅速发展，对移动电商人才也提出了更高的要求。一方面，从业者需要具备与移动电商相关的专业知识；另一方面，从业者还需要掌握移动电商相关的技能等。为培养有志于从事移动电商行业的实用型人才，本书结合移动电商的实际岗位需求，具体阐释了从事移动电商工作需要掌握的理论基础和实践操作。通过学习本书，读者可以培养分析问题、解决问题的能力，为其今后在相关领域开展工作打下坚实的基础。

本书的特点如下。

1. 知识结构合理

本书按照"学习目标+知识讲解+案例分析+练习与思考+任务实训"的结构进行讲解，使读者在学习基础知识的同时，能够进行模拟实战，从而加深对移动电商知识的理解，并能灵活运用。

2. 案例丰富，应用性强

本书将移动电商的基础理论、实战技巧与对应案例相结合，并进行系统的分析与讲解。同时，正文中和章末也穿插有案例分析，便于读者更加轻松、直观地掌握所学知识。

3. 形式多元化

本书不但注重对移动电商相关知识的讲解，而且注重表现形式的多元化，设置有"课堂讨论""小提示"等模块，形式新颖，利于增强读者的学习兴趣。

4．配套资源丰富

本书提供 PPT 课件、参考答案、教学大纲、电子教案、课程思政案例等教学资源，用书教师可登录人邮教育社区（www.ryjiaoyu.com）搜索并免费下载。

本书由李冠杰、邹卒担任主编，刘娜、李林洋和王光颖担任副主编，李冠杰设计了全书的框架体系并负责全书的统稿工作。具体分工如下：李冠杰编写了第 2 章、第 5 章～第 6 章；邹卒编写了第 1 章、第 3 章和第 10 章部分内容；刘娜编写了第 4 章和第 7 章部分内容；李林洋编写了第 9 章和第 7 章部分内容；王光颖编写了第 8 章和第 10 章部分内容。

在编写本书的过程中，编者得到了诸多朋友的帮助，还参考了一些学者的研究成果，在此表示诚挚感谢。限于编者水平，书中难免存在不当之处，欢迎各位专家学者、读者进行批评、指正。

咸阳师范经济管理学院　李冠杰

2021 年 10 月

目　　录

第1章　移动电商概述

【学习目标】

◎　了解移动电商的基本概念。

◎　了解移动电商与传统电商的差异。

◎　了解移动电商的应用技术。

◎　掌握移动电商的视觉设计方法。

随着移动互联网时代的到来，移动电商迎来了爆发期，美团、手机淘宝等诸多移动电商纷至沓来，开始抢占与布局现有市场，使商业社会呈现出全新的态势。本章主要介绍移动电商认知、移动电商与传统电商的差异、移动电商的应用技术及移动电商的视觉设计方法。

1.1　移动电商认知

综观整个电子商务市场，移动端的高速发展已经成为电子商务市场的大趋势。移动电商打破了传统电商交易的时空限制，实现了线上线下交易的完美融合。下面介绍移动电商的基础知识。

1.1.1　移动电商的定义

移动电商是一种既继承了电商的某些业务职能，又表现出移动端特点的全新商务模式。它不是简单的电商移动化，而是一种伴随着技术革新和网络发展而出现的电子商务再创新。它不仅不会颠覆现有的电子商务，反而会补充电子商务领域的某些不足和缺憾，最终达到与后者一起繁荣社会经济，提高整体电子商务水平的目的。

从狭义的角度看，移动电商是指以智能手机为终端，通过移动通信网络连接互联网进行的各种电子商务活动。

从广义的角度看，移动电商是指应用移动终端设备，通过移动互联网进行的各种电子商务活动。

1.1.2　移动电商的特点

移动电商处于飞速发展的阶段，在具体发展过程中，其逐渐体现出时

间碎片化、用户体验至上、营销精准化、社交化、内容为王、服务个性化、定位精准、易于技术创新等特点。

1. 时间碎片化

在移动电商时代，用户可以利用碎片化时间随时随地购物。例如，用户每天可以通过微信、拼多多、手机淘宝等多种途径购物。随着生活节奏的加快，用户更趋向于利用碎片化时间获取购物信息。例如，用户在上下班的路途中登录移动电商 App 浏览商品信息、在午休时间选择订外卖、在晚饭后选择网购等。

> **📖 小提示**
>
> 移动电商网站要了解用户的购物习惯，通过良好的用户体验来支持用户合理利用碎片化时间，进而提升用户的喜好度，增强用户黏性。

2. 用户体验至上

用户体验是用户在使用产品的过程中建立起来的一种感受。用户体验应从用户的角度来分析，而不应站在商家的角度来分析。

随着社会经济的发展，当今用户的需求日趋差异化、个性化、多样化。作为现在主流的电商模式，移动电商必须在营销推广的同时更加关注用户体验。只有抓住了用户的情感需求，商家才可能更好地推动营销。

3. 营销精准化

营销精准化是指移动电商企业可以更加精准地对移动用户进行营销推广和服务关怀。营销精准化主要体现在用户通过互联网浏览网页时，后台可以根据用户平时的浏览习惯"猜测"用户的需求，从而进行推广营销。营销精准化能够使企业迅速抢占市场，优先获得更加优质的用户资源。企业通过分析不同的用户资源筛选出目标用户、意向用户，再实施有效的营销方案。

4. 社交化

社交化是指手机终端最基本的通信功能满足了用户的社交和沟通需求，特别是智能手机中的各种社交应用软件，更凸显了手机终端的社交属性。如今，移动互联网可以导入社交化的元素，并能够将社交场景和用户连接起来，移动电商呈现出社交化发展的趋势。图 1-1 所示为微信群里的电商。

在移动社交媒体上，用户能随时享受商家提供的服务，而商家也能随时了解用户的需求，商家与用户之间的联系变得更加紧密。

5. 内容为王

移动新媒体的不断发展，促使人们更加关注优质内容。在移动电商时代，谁能打造出更有价值的内容，谁就可能在市场中抢占先机。凭借着率先开辟的内容分发模式，今日头条成为继腾讯之后的另一个"流量帝国"。头条小店则是平台为今日头条创作者提供的电商变现工具，可以帮助创作者拓宽内容变现渠道、增加收入。图 1-2 所示为今日头条内容电商。

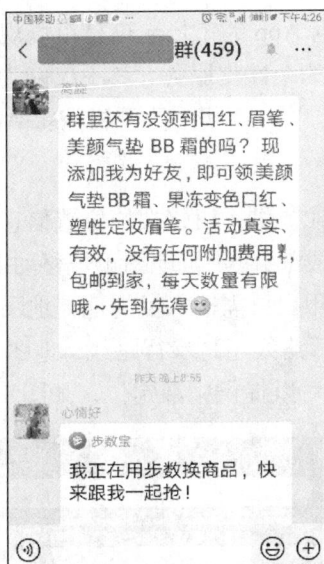

图 1-1 微信群里的电商

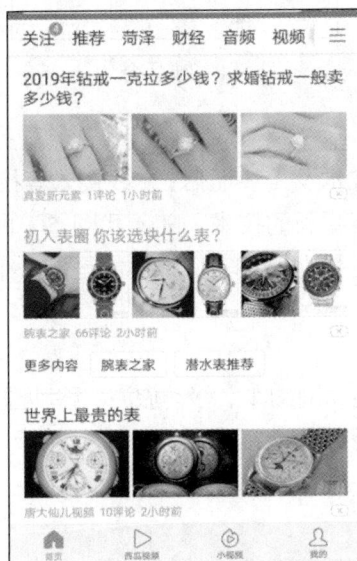

图 1-2 今日头条内容电商

6. 服务个性化

服务个性化是指用户可以根据自己的需求和喜好来定制移动电商的服务和信息，并根据需要灵活选择访问和支付方式，设置个性化的信息格式。移动电商的发展带动了各类 App 的爆发式增长。目前，我国移动电商 App 的市场无论是市场规模还是应用数量都已位居世界前列。也正是 App 彰显了移动电商的个性化服务，其不仅能为用户带来个性化的服务，更重要的是，能帮助用户解决实际问题。图 1-3 所示为手机淘宝 App，图 1-4 所示为唯品会 App。

7. 定位精准

定位精准是指能够精准获取或提供手机终端的位置信息。目前，与定位相关的商务服务已经成为移动电商的一个重要组成部分。手机地图正是移动电商的产物，用户在使用地图 App时，系统会自动定位当前位置。用户只需输入目的地，地图 App 就能在几秒内为用户导航。无论是公交路线、驾车路线、骑行路线还是步行路线，地图 App 都能为用户提供真实可靠的参考信息。例如，百度地图 App 可以提供精准定位，如图 1-5 所示。

图 1-3　手机淘宝 App　　　　图 1-4　唯品会 App　　　　图 1-5　百度地图 App

8. 易于技术创新

移动电商领域涉及互联网技术及无线通信、无线接入等技术，并且商务方式更加多元化、复杂化，因而此领域内更容易产生新的技术。随着我国 5G 网络的普及，这些新兴技术将转化成更好的产品或服务。所以，移动电商领域将可能是下一个技术创新的高产地。

1.1.3　移动电商的类型

移动电商包括移动购物、移动网约车、移动旅游、移动医疗、移动支付、O2O 移动电商、移动社交电商等类型，下面进行具体介绍。

> **💻 课堂讨论**
>
> 说一说移动电商有哪些类型。

1. 移动购物

移动购物是利用移动端进行购物的形式。移动购物是移动电商发展到一定程度所衍生出来的一个分支，从属于移动电商，又是移动电商一个更高的发展层次。

移动购物平台是传统 PC 端网购平台的进化，基于掌上电脑（Personal Digital Assistant，PDA）等移动终端来开展电子商务活动。综观我国电子商务行业，移动购物平台呈现爆发式增长，各电商企业都在争抢移动网购流量入口。许多电商企业争相推出了自己的移动购物平台，如淘宝网、京东商城、天猫、唯品会等。当然也有一批专门基于移动端的个性化购物平台。

2. 移动网约车

移动网约车即通过移动网络预约出租车的简称，是指通过移动互联网平台对接司机、车辆和乘客，提供出租车服务的经营活动。其核心的商业逻辑比较简单，利益关联方主要包括平台、司机、车辆和乘客。

移动网约车的核心商业逻辑具体表现为：乘客通过移动互联网平台打车，平台匹配运力完成服务，乘客为打车服务付费，平台从交易金额中抽成。移动网约车平台如图 1-6 所示。

图 1-6　移动网约车平台

> **小提示**
>
> 　移动网约车平台存在一定的网络效应，即更多的司机加入会优化乘客的打车体验，具体表现为可以缩短打车时间，从而吸引更多乘客使用移动网约车平台打车；更多乘客带来的大量订单又会反过来吸引更多司机入驻。

3. 移动旅游

移动旅游电商是指以移动网络为主体，以旅游信息库、电子化商务银行为基础，利用先进的电子手段运作旅游业及其分销系统的商务体系。旅游电商为广大旅游业同行提供了一个互联网平台，移动旅游电商则是利用移动端为广大旅客提供旅游服务的互联网平台。移动旅游电商比较典型的平台有携程旅行、去哪儿旅行、途牛旅游、马蜂窝自由行等。图 1-7 所示为途牛旅游。

图 1-7　途牛旅游

4. 移动医疗

移动医疗也称移动健康，是指通过使用移动通信技术，如 PDA 和卫星通信来提供医疗服务和信息。具体到移动互联网领域，移动医疗则以基于安卓和 iOS 等移动终端系统的医疗健康类 App 为主。

自 2013 年起，医疗机构就在移动平台上遍地开花，北京同仁医院、北京口腔医院、首都医科大学附属北京佑安医院、首都医科大学附属北京中医医院、杭州市第一人民医院等纷纷试水移动医疗服务。

5. 移动支付

移动支付也称手机支付，就是允许用户使用其移动终端对所购买的商品或服务进行付款的一种服务方式。移动支付将终端设备、互联网、应用提供商及金融机构相融合，形成了一个新型的支付体系，为用户提供货币支付、缴费等金融业务。

> **课堂讨论**
>
> 生活中你遇到过哪些移动支付场景？一般使用什么支付工具？

在我国，移动支付已经非常普遍，人们出门不带钱包已经成为常态。不少人表示已经很久没有用过现金了。中国银联发布的《2020 移动支付安全大调查报告》显示，98%的受访者选择把移动支付作为最常用的支付方式，其中，二维码支付用户占比高达 85%。2020 年，平均每人每天使用移动支付的频率是 3 次，每天使用 5 次的人数占比也达到了总调查人数的 1/4。

目前，移动支付在线上的使用场景主要集中在信用卡还款、网购、订外卖等方面。而在线下，移动支付的使用场景主要集中在菜市场、超市和一些实体零售商店。

常见的移动支付方式有支付宝支付、微信支付等，如图 1-8 和图 1-9 所示。

图 1-8　支付宝支付　　　　　图 1-9　微信支付

6. O2O移动电商

O2O是Online To Offline的缩写，它通过打折、提供信息、预订服务等方式，把线下商店的消息推送给互联网用户，从而将他们转换为线下客户。这种模式特别适用于必须到店消费的商品和服务，如美食餐饮、健身、电影演出、美容美发等。

在移动互联网时代，人们在开展各种活动前往往会拿出智能手机，使用各类移动应用服务。目前，移动端的软硬件技术不断发展，移动互联网与现实生活的联系日益紧密，连接线上与线下的O2O移动电商，更是对人们的工作与生活产生了深远的影响。

> **📖 小提示**
>
> 一般来说，互联网会作为线上交易平台出现，承担线上揽客、在线结算等任务；线下店铺则可以为用户提供良好的体验服务，促使线上交易更易达成。从这个角度来说，线上商务与线下商务之间更像是一种互相依存、互相促进的关系。

线上交易、线下消费体验这种方式十分常见，如网上订购电影票线下观看、网上预订酒店线下入住、网上订餐门店消费等，都是线上完成交易、线下享受相关体验服务。图1-10所示为线上预订酒店线下消费。

7. 移动社交电商

移动社交电商是社交电子商务的移动化发展，是移动端、社交网络、电子商务三者的融合，是指将关注、分享、沟通、讨论、互动等社交化的元素应用于移动电子商务交易过程的现象。具体而言，移动社交电商既体现在用户购买前的店铺选择、商品比较等方面，又体现在购物过程中通过即时通信、论坛等与电子商务企业间的移动端交流与互动中，也体现在购买商品后移动端的消费评价及购物分享等方面。

图 1-10　线上预订酒店线下消费

　　传统电商与移动社交电商的经营逻辑的区别在于，传统电商的经营逻辑是不断地获取流量，并让用户养成习惯，封闭性地匹配需求和商品，因此流量是关键。而移动社交电商的经营逻辑是帮助商家不断私有化用户资产，形成私域流量，为单个用户提供更多服务、获取更大价值，并用丰富的营销手段让老用户带来更多新用户。

　　常见的移动社交电商平台有微信小程序、微信朋友圈、拼多多等。拼多多是移动社交电商的代表之一，通过大家一起拼团、团长免单等方式引起用户裂变。拼多多以销售需求广、单价低、性价比高的商品为主，并借助社交力量进行传播。图 1-11 所示为拼多多平台。

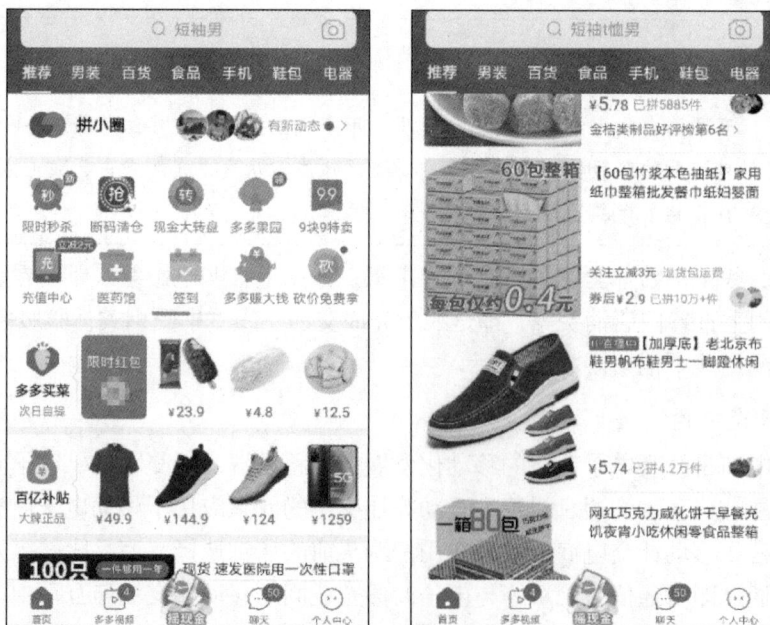

图 1-11　拼多多平台

1.2 移动电商与传统电商的差异

在互联网时代，电商的发展经历了图 1-12 所示的几个阶段。

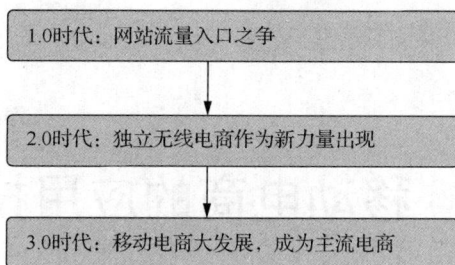

```
┌─────────────────────────────────┐
│ 1.0时代：网站流量入口之争          │
└─────────────────────────────────┘
                │
                ▼
┌─────────────────────────────────┐
│ 2.0时代：独立无线电商作为新力量出现 │
└─────────────────────────────────┘
                │
                ▼
┌─────────────────────────────────┐
│ 3.0时代：移动电商大发展，成为主流电商 │
└─────────────────────────────────┘
```

图 1-12　电商的发展阶段和特点

从上述发展脉络来看，移动电商已经成为电商产业中的热门，很多电商巨头都开始在移动端市场进行布局，以求得到进一步发展。那么，移动电商与传统电商到底有什么差异呢？我们可以从以下 3 个方面来进行了解，如图 1-13 所示。

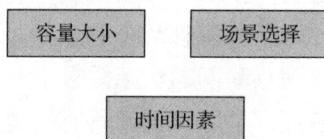

```
┌──────────┐    ┌──────────┐
│ 容量大小  │    │ 场景选择  │
└──────────┘    └──────────┘

┌──────────┐
│ 时间因素  │
└──────────┘
```

图 1-13　移动电商与传统电商的差异

1. 容量大小

PC 端网页的页面容量比移动端更大，而且前者的分页特性使用户在进入电商网站后可以更随意地浏览和挑选商品。移动电商 App 则没有这个优势，它的容量较小，无法达到充实信息的效果，因此需要在页面功能上下足功夫，如在主页面做好商品的类型划分，然后根据具体的商品属性不断进行细分。在这个过程中，移动电商 App 的页面内容需要做到足够专一，这样才能吸引目标用户的关注，进而促成交易。

2. 场景选择

用户在 PC 端购物时，所花费的时间一般较长，主要场景分为无目的购物、有目的购物和活动特卖抢购等；而在移动端，用户会进行碎片化购物，如选在上下班途中、入睡前和用餐时间购物，在较短的时间内浏览商品信息，完成购买行为。正因为用户的碎片化时间选择，且购买目的性不强，所以移动电商必须在有限的时间内将有用的商品信息及时呈现给用户，做到精准营销。

3. 时间因素

用户多在午餐时间和下班后的碎片化时间里进行移动端购物，而在其余较为集中的大段时间内，PC 端购物则成为用户首选。用户使用时间的不同，使移动电商和传统电商在营销时间点选择及内容侧重点上都有所不同。随着移动时代的到来，用户在移动端进行购物的时间呈现出进一步增长的趋势。

1.3 移动电商的应用技术

近年来，移动通信技术取得了跨越式的发展，而这种技术的发展又带来了移动电商的爆炸式发展，进而影响到社会生活的各个方面。

1.3.1 移动互联网技术

移动互联网技术是一种将移动通信技术和互联网技术有机结合的新兴技术。其应用先进的移动通信技术向移动互联网中导入企业信息及企业业务等，有效促进了移动通信技术的进一步完善，同时满足了人们对于移动互联网的实际需求。

移动通信技术具有便捷性的特点，互联网技术具有高速性的特点，这两个特点为二者提供了互相借鉴、协同发展的契机。移动通信技术和互联网技术的有机结合催生出了移动互联网技术。由于移动互联网技术具有独特优点，其一经推出就受到了人们的广泛欢迎，被应用到各行各业之中，与人们的日常生活和工作有机结合在一起。毫无疑问，该技术在未来具有非常广阔的发展前景。

1.3.2 RFID 技术

射频识别（Radio Frequency Identification，RFID）技术是一种非接触式的自动识别技术，它通过射频信号自动识别目标对象并获取相关数据，识别工作无须人工干预，可运用于各种恶劣的环境中。RFID 技术可识别高速运动的物体，并可同时识别多个标签，操作快捷方便。

RFID 是一种简单的无线系统，只有两个基本器件。该系统用于控制、检测和跟踪物体，由一个阅读器和很多标签组成。RFID 技术的基本工作原理并不复杂，标签进入磁场后，接收阅读器发出的射频信号，凭借感应电流所获得的能量发送出存储在芯片中的产品信息，或者主动发送某一频率的信号；阅读器读取信息并解码后，将信息送至中央信息系统进行有关数据处理。

1.3.3 5G 技术

5G 技术是指第五代移动通信技术，它是新一代的宽带移动通信技术，是实现人、机、物互联的网络基础设施。对于移动电商平台来说，5G 技术具有以下优势。

1. 高速度

这是 5G 的一大优势，相比于 4G 网络，5G 将给人们带来更快的网速。随着网速的提升，更多的用户会成为移动互联网的参与者，移动电商也将迎来一个新的发展机遇。

2. 便于体验

5G 技术为企业提供更强的移动端连通性，使数码科技体验成为主流。体验是实体店铺一个巨大的优势。在 5G 技术下，线上线下相互融合，在以互联网、大数据等技术为驱动的模式创新中，5G 技术将会把一切重新连接起来，整合新的方法和手段，为用户带来不一样的消费体验。

目前，淘宝网等大型移动电商平台在商品展示环节增加了不同类型的展示体验功能。例如，淘宝网在商品详情页设置了视频展示环节，为用户提供商品演示视频。淘宝网在首页增加了微淘服务，通过用户之间、商家之间的信任关联来提升用户体验。此外，淘宝网也增加了真人直播环节，真人直播能让用户看到服装上身后的效果，为用户提供参考。

3. 低时延

5G 超低时延仅 1 毫秒。5G 技术可以应用于无人驾驶、工业自动化等场景。随着 5G 技术的发展，远距离、稳定、高效、低时延的无人机将会应用于电商物流环节，目前京东已经搭建了无人快递车和无人机运输体系，5G 时代的到来将加速这个过程，使其效率更高。

4. 万物互联

迈入 5G 时代，除了手机、计算机等上网设备需要使用网络以外，越来越多的智能家电设备、可穿戴设备、共享汽车等也需要联网，在联网之后就可以实现实时管理和智能化的相关功能，而 5G 技术的互联性也让这些设备有了成为智能设备的可能性。

1.3.4 移动终端和移动定位技术

移动通信技术和互联网技术的结合发展有效促进了移动终端的发展。随着时间的不断推移，移动终端的类型也变得越来越多，如平板电脑、智能手机等。现今，移动终端人机交换技术的水平越来越高。在这些技术之中，终端显示技术能够通过液晶显示屏、电容屏将相关内容清晰地展现在用户面前；屏幕触控技术能够帮助用户更加方便地操作移动终端；语音交互技术能够让用户之间实现随时随地的语音交流；感应技术能够让用户和移动终端进行交互。

GPS 也称全球定位系统，其基本原理是通过测量某固定卫星到接收机的距离，再对其他几颗卫星的数据进行综合，得出接收机的地理位置。

移动定位技术与紧急救援、医疗、航海等领域息息相关，在服务于大众日常生活的同时，也为国家在某些领域的发展带来极大的便利。近年来，互联网的高速发展在某种程度上加快了移动定位技术的发展。就目前而言，移动定位技术基本上以无线网络作为基础，以导航系统作为支撑，形成了无线网络定位、定位设备定位以及两者结合形成的定位技术。

1.3.5　云计算

云计算是分布式计算的一种，指的是通过网络"云"将巨大的数据计算处理程序分解成无数个小程序，然后通过多部服务器组成的系统处理和分析这些小程序，将得到的结果返回给用户。云计算与移动电商相结合是一种新发展、新趋势，这将为移动电商的发展提供更高效的运作模式。

云计算的应用已越来越广泛，软件即服务、平台即服务、基础设施即服务等云计算服务模式应用已非常成熟。云计算是建立在先进的互联网技术基础之上的，其实现形式主要如下。

（1）软件即服务。用户发出服务需求，云系统通过浏览器向用户提供资源和程序等。值得一提的是，利用浏览器应用传递服务信息不花费任何费用，供应商亦是如此，只需要做好应用程序的维护工作即可。

（2）网络服务。开发者能够在应用程序接口（Application Programming Interface，API）的基础上不断改进，开发出新的应用产品，大大提高单机程序中的操作性能。

（3）平台服务。平台一般服务于开发环境，协助中间商对程序进行升级与研发，同时完善用户下载功能。用户可通过互联网下载程序，具有快捷、高效的特点。

（4）互联网整合。利用互联网发出指令时，如果同类服务众多，云系统会根据终端用户的需求匹配相适应的服务。

（5）商业服务平台。企业构建商业服务平台的目的是给用户和供应商提供一个沟通平台，从而实现管理服务和软件即服务的搭配应用。

（6）管理服务提供商。此种实现形式并不陌生，常运用于 IT 行业，其常见服务内容包括扫描邮件病毒、监控应用程序环境等。

1.3.6　人工智能技术和区块链技术

1．人工智能技术

人工智能（Artificial Intelligence，AI）是研究、开发用于模拟、延伸和扩展人的智能的理论、方法、技术及应用系统的一门新的技术科学。随着科学技术和经济社会的迅速发展，人工智能的应用越来越普遍，对我们的工作和生活都产生了深远影响。在移动电商领域，人工智能技术同样也得到了很好的应用，并取得了明显的效果。

目前，人工智能在移动电商领域的应用主要体现在以下几个方面。

（1）智能客服机器人

智能客服机器人涉及机器学习、大数据、自然语言处理、语义分析和理解等多项人工智能技术。智能客服机器人的主要功能是自动回复用户问题，用户可以通过文字、图片、语音与智能客服机器人进行交流。

阿里店小蜜就是智能客服机器人，该工具对淘宝天猫商家开放申请，让人工客服可以留出更多精力处理个性化的问题。智能客服机器人能够帮助商家管理店铺，减少人工客服工作量。其智能辅助模式还新增了智能预测、主动营销、智能催拍等功能，非常个性化。阿里店小蜜界面如图 1-14 所示。

目前，商家只要开启阿里店小蜜功能，智能客服机器人就能一年 365 天、每天 24 小时不停转地工作。而基于云端存储开通了阿里店小蜜的商家，即使店铺断电断网，智能客服机器人也能继续工作。

图 1-14　阿里店小蜜界面

（2）推荐引擎

推荐引擎是建立在算法框架基础之上的一套完整的推荐系统，利用人工智能算法可以实现海量数据集的深度学习。商家可以分析用户的行为，并且预测哪些商品可能会吸引用户，从而为他们推荐商品。这有效降低了用户的选择成本。

（3）图片搜索

电商平台的商品展示与用户的需求描述之间，是通过搜索环节产生联系的。不过，基于文字的搜索行为有时很难直接引导用户找到他们想要的商品。通过计算机视觉和深度学习技术，用户可以轻松搜索到他们正在寻找的商品。用户只需将商品图片上传到电商平台，人工智能就能够理解商品的款式、规格、颜色、品牌及其他特征，最后为用户提供同类型商品的销售入口。

（4）库存智能预测

多渠道库存规划管理是阻碍电商发展的重要问题。库存不足时，补货所浪费的时间会给商家的收入带来不利的影响。但是如果库存过多，又会使资金需求等增加。因此，商家要想准确预测库存并不是一件容易的事情。这时，人工智能和深度学习技术就可以在订单周转预测中派上用场了，它们可以识别订单周转的关键因素，通过模型计算出这些因素对周转和库存的影响。

（5）智能机器人分拣

智能机器人分拣灵活高效、适用性强，机器人对场地的要求比较低，机器人数量也能根据场地条件进行增减。与人工分拣相比，在相同分拣量的情况下，智能机器人分拣更及时、准确；分拣环节的减少让货物搬运次数相应减少，货物安全更有保障。

（6）趋势预测

一般来说，图片中会隐藏大量的用户信息。所以，商家根据用户浏览的图片，利用深度学习技术可以从中分析出最近某品类的流行趋势，如颜色、规格、材质、风格等，这也是电商平台与供货商进行谈判的重要依据。

2. 区块链技术

区块链技术是分布式数据存储、点对点传输、共识机制、加密算法等计算机技术在互联网时代的创新应用模式。

区块链技术的特点如下。

（1）去中心化

用户之间用点对点的方式交易，地址由用户本人管理，余额由全局共享的分布式账本管理，安全依赖于所有用户，由大家共同判断某个成员是否值得信任。

（2）透明性

数据库中的记录是永久的、按时间顺序排列的，并且对于网络上的其他节点都是可以访问的。每个用户都可以看到交易的情况。

（3）记录的不可逆性

由于记录彼此关联，一旦在数据库中输入事务并更新了账户，则不能更改记录。

1.4 移动电商的视觉设计方法

对于移动电商来说，店铺的视觉效果设计无疑是重中之重，因为只有良好的页面设计，才能最大限度地吸引用户关注，进而引发购买行为。下面我们就来看一看店铺页面的视觉设计方法。

1. 色彩

色彩对人视觉效果的影响非常明显，一个页面设计成功与否，在某种程度上取决于设计者对色彩的运用和搭配是否成功。店铺页面的色彩需要符合经营主题和商品类目的特点。例如，3C 类产品（计算机类、通信类和消费类电子产品的统称）的颜色大多是冷色调，食品类产品则是以暖色调为主，此时我们就要将页面的主体色彩调整成符合产品的色调样式。

店铺页面设计要避免采用单一色彩，以免用户产生单调的感觉，但设计者通过调整色彩的饱和度和透明度也可以使色彩产生变化，使店铺页面更加丰富。采用邻近色设计店铺页面可以避免页面色彩杂乱，易于达到和谐统一的效果。邻近色页面如图 1-15 所示。

图 1-15　邻近色页面

2．排版

网络时代是一个读图识信息的时代，用户无法真实触摸到电商商品，只能通过文字描述和商品图片来了解。商家对店铺页面中的文字、图片、视频进行个性化的排版和设计，能够给用户留下深刻的印象，达到增强宣传效果的作用，激发用户的购买欲望。排版的风格要符合商品的气质，如中国风主题适合用竖式排版、欧式主题适合采取居中模式、动感类主题适合使用倾斜风格等。

3．元素

元素就是指用于构造页面、衬托整体气氛的各类素材。电商店铺页面的组成元素包括文字、图片、视频、音频等。商家通过规划和排版对这些组成元素进行设计和关联，可将其以图文并茂的方式呈现在用户眼前。这样能突出文字重点，形成视觉冲击，从而达到宣传推广商品和品牌的目的。在店铺页面的视觉设计中，商家需要根据商品类别和整体风格的不同，采取不同的元素组合形式。

案例分析

阿里巴巴、腾讯、百度移动端大战

在 PC 端互联网时代，网上支付领域本来只有阿里巴巴的支付宝一枝独秀，但随着移动电商的发展、打车软件的兴起以及微信红包的横空出世，这样的局面已被打破。

阿里巴巴在移动端的布局仍然是围绕其传统优势电商领域展开的。首先是将淘宝、天猫业务平移到客户端；其次是收购高德之后，重点发展企业对客户（Office to Customer，O2C）业务；最后是构建以新浪微博、来往为发展平台的社交网络电商体系。

腾讯在移动端的战略布局目前以微信为依托。在中国，移动支付已成为用户日常使用的主要的支付方式。在日常生活中，朋友之间转账、发红包无疑会选择微信支付，甚至大部分人在菜市场买菜也选择使用微信支付。

百度移动端的战略布局为入口型战略，主要分为 3 个部分。第一部分是基于移动位置服务（Location Based Services，LBS）事业部，如百度地图；第二部分是移动云事业部，如百度云网盘；第三部分是移动搜索，如基于百度搜索引擎的移动终端搜索。

思考题：

（1）移动支付成功的原因是什么？

（2）常见的移动支付平台有哪些？

【成功原因解析】

移动电商市场是一个具有万亿元规模的"蛋糕"，无论是互联网三巨头，还是传统商业巨头，无不渴望参与这个巨大的市场。而移动支付环节作为移动电商闭环当中较为关键的一个环节，不管是移动电商线上支付还是线下支付，都将是各大企业重点布局和争夺的领地。移动电商赶上了这个朝阳产业的浪潮，在时代的洪流中拼搏前进，站立在经济发展趋势的前端。

练习与思考

一、选择题

1. （　　）是指智能手机基本的通信功能满足了客户的社交和沟通需求。

　　A．社交化　　　　　　B．内容为王　　　　　C．服务个性化

2. 从狭义的角度看，移动电商是指以（　　）为终端，通过移动通信网络连接互联网进行的各种电子商务活动。

　　A．IPAD　　　　　　　B．智能手机　　　　　C．智能终端

3. （　　）是一种非接触式的自动识别技术，它通过射频信号自动识别目标对象并获取相关数据，识别工作无须人工干预，可用于各种恶劣环境。

　　A．移动定位技术　　　B．RFID 技术　　　　C．Wi-Fi 技术

4. （　　）是研究、开发用于模拟、延伸和扩展人的智能的理论、方法、技术及应用系统的一门新的技术科学。

　　A．蓝牙技术　　　　　B．5G 技术　　　　　C．人工智能

5. （　　）是社交电子商务的移动化发展，是移动端、社交网络、电子商务三者的融合，是指将关注、分享、沟通、讨论、互动等社交化的元素应用于移动电子商务交易过程的现象。

　　A．移动社交电商　　　B．O2O 移动电商　　　C．移动电商

二、判断题

1. 从狭义的角度看，移动电商是指以应用移动终端设备，通过移动互联网进行的各种电子商务活动。　　　　　　　　　　　　　　　　　　　　　　　　　　　　（　　）

2. 用户体验是站在商家的角度来分析是否做好了用户体验。　　　　　　　（　　）

3. 移动旅游电商是利用移动端为广大旅客提供旅游服务的互联网平台。　（　　）

4. 移动电商的经营逻辑是帮助商家不断私有化用户资产，形成私域流量，为单个用户提供更多服务、获取更大价值。　　　　　　　　　　　　　　　　　　　　　　（　　）

5. 用户在 PC 端购物时，所花费的时间一般较长，主要场景分为无目的购物、有目的购物和活动特卖抢购。　　　　　　　　　　　　　　　　　　　　　　　　　　（　　）

三、复习思考题

1. 什么是移动电商？移动电商的特点有哪些？
2. 移动电商的类型有哪些？
3. 移动电商与传统电商到底有什么区别？
4. 对于移动电商平台来说，5G 技术具有哪些优势？

任务实训

实训目标

熟悉常见的移动电商的应用技术，通过具体的任务实训来加深对本章知识的理解和认识。

实训要求

（1）在网上搜索常见的云计算服务商，如阿里云、天翼云、腾讯云、百度云、华为云。

（2）在网上搜索 RFID 射频识别技术、5G 技术、GPS 全球定位技术，熟悉更多相关知识。

（3）在移动电商平台找一些常用的人工智能技术应用，如智能客服机器人、库存智能预测、智能机器人分拣、趋势预测。

第2章 移动电商的商业模式

【学习目标】

◎ 掌握 B2C 移动电商的运营模式、营销方法和常见平台。

◎ 掌握 B2B 移动电商的运营模式、营销方法和常见平台。

◎ 掌握 C2C 移动电商的运营模式、盈利模式和常见平台。

◎ 掌握 O2O 移动电商的运营模式、营销策略和常见平台。

移动电商模式是企业运用移动互联网开展经营取得营业收入的基本方式，也是指在移动网络环境中基于一定技术基础的商务运作方式和盈利模式。目前常见的移动电商模式主要有 B2C、B2B、C2C、O2O 等几种。

2.1 B2C 移动电商

B2C 模式在我国产生的时间较早，其业务范围包括在线服务咨询、在线商品售卖等。客户可以通过企业提供的 B2C 网上商店，实现网上购物和网上支付等网络消费行为。

2.1.1 B2C 概述

B2C（Business to Customer，企业对客户），指企业直接面向客户提供商品售卖和相关服务的电子商务模式。它的经营方式就是企业向个人直接销售商品或服务。B2C 自产生以来就在很多行业中快速发展，彰显出强大的生命力。

B2C 是企业以互联网为依托，为客户提供的面对面售卖服务。换句话说，B2C 就是以网络零售业为主的电子商务。企业在具体的经营过程中不仅大大提高了交易效率，还为客户节省了购物所需的时间。因此，B2C 移动电商模式受到了客户的热烈欢迎，取得了长足的发展。图 2-1 所示为常见的B2C 交易流程。

B2C 在移动电商领域中是发展较快、应用范围较广的电子商务模式，它主要包括无形商品模式和实物商品模式两种。

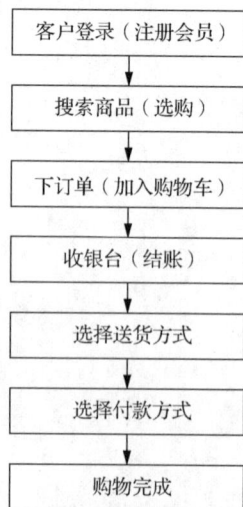

客户登录（注册会员）

↓

搜索商品（选购）

↓

下订单（加入购物车）

↓

收银台（结账）

↓

选择送货方式

↓

选择付款方式

↓

购物完成

图 2-1 常见的 B2C 交易流程

（1）无形商品模式。无形商品模式主要有网上订阅模式、收取服务费模式、付费浏览模式、广告支持模式、网上赠与模式等。常见的搜狐视频付费频道、爱奇艺会员模式等都属于无形商品模式。

（2）实物商品模式。实物商品指有形商品，就是可以实际触摸到的商品。实物商品模式主要包括自己生产自己销售、外包生产自己销售、只生产不销售、只销售不生产等模式。亚马逊、京东商城等电子商务网站就是只销售不生产的实物商品模式。

> 📖 **小提示**
>
> 网上实物商品销售之所以火爆，是因为其具有独特的优势。网上实物商品销售的特点主要反映为网上销售使市场扩大了，机会增多了。

2.1.2 B2C 移动电商的运营模式

有人认为，B2C 移动电商就是利用手机在网上进行购物。这种理解是十分片面的，它无法完全表明 B2C 移动电商的特性和发展潜力。如果想对 B2C 移动电商有一个全面清晰的认识，我们就要从 B2C 移动电商的运营模式开始说起。

1. 平台型综合 B2C

平台型综合 B2C 有庞大的购物群体、稳定的网站平台、完备的支付体系，销售的商品比较全面，基本覆盖了人们的衣食住行等方面。平台型综合 B2C 主要包括京东商城和天猫等大型的电商平台。天猫是平台型综合 B2C 的典型代表，如图 2-2 所示。

图 2-2 天猫

在这种运营模式下，客户和卖家都能够得到很好的商业服务。这也是它能够取得成功的重要原因之一。

2. 品牌自营 B2C

品牌自营模式多出现在垂直零售行业，该模式对商品和供应链的控制能力较强。品牌自营 B2C 主要销售单品类或单一品牌下的多个产品，很多官方品牌的店铺就属于品牌自营 B2C。例如，小米、华为和苹果等平台主要集中自身的业务去做深耕，是垂直于某一品类的电商平台。小米官方商城是小米品牌旗下的电商平台，如图 2-3 所示。

图 2-3　小米官方商城

3. 平台型垂直 B2C

平台型垂直 B2C 指整个平台是隶属于某一大类的，但平台上售卖的产品不仅有平台方的，还有入驻商家的，如麦包包、爱婴坊、都市丽人等。这种运营模式集合了品牌型垂直电商和平台型综合电商的优势，不仅提供了多个品牌供客户选择，又针对单品类做了精细化细分。图 2-4 所示的麦包包平台以卖包为主营业务，专注销售箱包，并将产品细分为男包、女包、公文包、休闲包、手提包等，打造出了自己的优势，将与箱包相关的产品做到了极致。

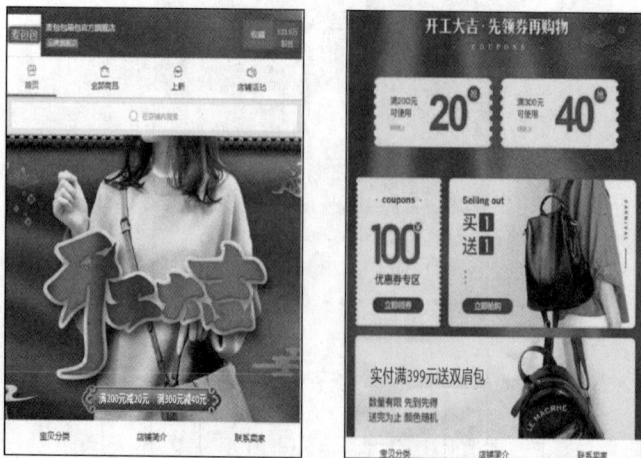

图 2-4　麦包包平台

2.1.3 B2C 移动电商的营销方法

对于 B2C 移动电商而言，打造令人耳目一新的品牌，持续满足客户不断变化的购物需求，是其开展营销活动的重要目标。B2C 移动电商要想取得良好的营销效果，增加经营收益，需要掌握以下方法。

1. 消除法

对于 B2C 移动电商而言，库存和物流是两个需要投入较高成本的环节，很多人认为这两大环节所需投入的成本是不能被剔除的。但是实际情况真的如此吗？其实不一定，因为只要换一个经营思路，通过"避实就虚"和"整合规划"的方法，我们就可以对库存和物流环节的成本进行剔除，从而有效降低 B2C 移动电商的经营成本。

（1）在销售产品的选择上，放弃实物类产品，选择虚拟类产品。

（2）如果需要销售实物类产品，就要整合周边资源，做到整体配置最优化。

上述第一种方法可以使库存和物流环节的成本被完全剔除，但是对于某些商家来说并不合适；第二种方法则有很多种选择，如在各大城市建立物流配送点和储存点，形成一个完整的配送网络和储存网络，或者与实力较强的物流公司合作等。商家需要根据自身的实际情况和 B2C 移动电商市场发展的需要，从上述两种方法中选出适合自己的方法。

2. 增加法

很多 B2C 网站在支付方式的选择上过于简单化，它们的经营者往往认为选择两三种简单的支付方式就足够了，这种想法其实是十分片面的。

支付方式一定要多样化，只有这样才能做到足够快捷，而这种快捷性又直接影响了客户的购物行为。因此，商家在经营 B2C 网站时，一定要尽量多地增加支付方式，将其做到一般标准之上，只有这样才能满足客户对支付环节快捷性和多样化的需要，从而使商家取得良好的产品销售成绩。

3. 创建法

创建法讲求创新服务和完善体验，对于客户来说，如果商家能够提供高效快捷的相关服务和出色的购物体验，那么客户就有很大的可能性去购买该商家的产品。具体来说，B2C 移动电商的创建法如下。

（1）导购咨询服务。合理且富有针对性的导购信息可以使客户对产品形成一个客观、整体化的认识，从而使他们更愿意购买。这种人性化的导购咨询服务可以在很大程度上满足客户的选购需求和享受相关服务的需求。

（2）购物文化体验。很多购物网站都缺少一种令客户感觉满意的购物氛围，这种氛围就是购物文化。它的意义在于除了使客户在网站购得满意的产品外，还要使他们得到高质量的文化体验享受。图 2-5 所示为华为商城购物文化体验。华为商城除了提供产品信息外，还有花粉俱乐部，其中有论坛、圈子、活动等板块，这就是一种典型的购物文化展现。

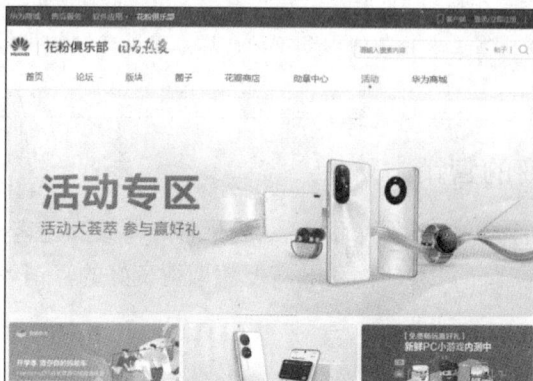

图 2-5　华为商城购物文化体验

2.1.4　常见的 B2C 移动电商平台

常见的 B2C 移动
电商平台

移动电商平台涉及人们生活的方方面面，方便了人们的生活。各大移动电商平台通过不断丰富所经营的产品来争夺更多的客户，进而提升自己的竞争力。客户数量的增加也使得移动电商平台之间的竞争加剧。下面介绍常见的 B2C 移动电商平台。

1.　天猫

天猫是平台型综合 B2C 的典型代表，其模式很像线下的购物商场，它不负责具体卖货，而是为商家提供卖货的平台，自己收取租金之类的费用。当然，如果商家在经营过程中违反了天猫的规定，天猫就有权对商家进行惩罚，如增加租金、不允许商家在此平台销售等。天猫客户端是阿里巴巴专为移动手机客户推出的满足其生活消费和线上购物需求的软件，具有查看附近的生活优惠信息、商品搜索、浏览、购买、支付、收藏、物流查询、旺旺沟通等在线功能，成为客户方便、快捷的生活消费入口。图 2-6 所示为天猫客户端。

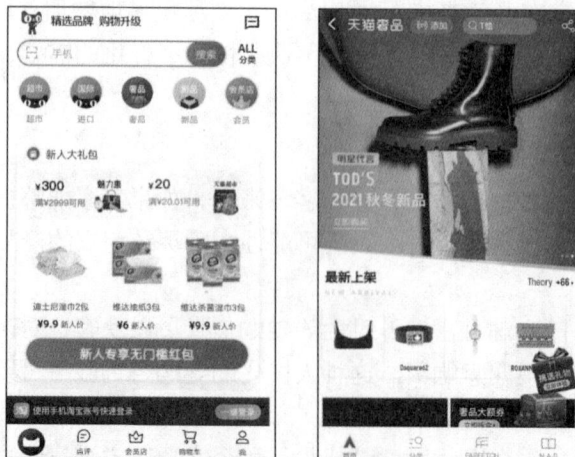

图 2-6　天猫客户端

2. 京东

京东是自营式电商企业，在线销售计算机、手机及其他数码产品、家电、汽车配件、服装与鞋类、家居百货等各类商品。京东迅猛的发展速度吸引了不少商家入驻京东商城。图 2-7 所示为京东商城。

京东为客户提供愉快的在线购物体验。通过人性化的网站和移动客户端，京东以富有竞争力的价格，提供具有丰富品类及卓越品质的商品和服务，并以快速可靠的方式送达客户，又提供了灵活多样的支付方式。另外，京东还为第三方卖家提供在线销售平台和物流等一系列增值服务。

3. 苏宁易购

苏宁易购是苏宁电器旗下的 B2C 电商网站。随着业务的扩张，苏宁易购除了销售电器，还销售日用百货等品类。苏宁易购凭借其强大的物流、实体店体验及售后服务支持，在众多的电商平台中占有一席之地。图 2-8 所示为苏宁易购。

苏宁易购具备线上线下全场景销售及服务能力。线上，苏宁易购拥有苏宁易购商城和苏宁易购天猫旗舰店，以及开发运营的多种小程序电商渠道。线下，苏宁易购围绕客户找、买、逛的全场景消费需求，持续推进门店经营模式升级，实现互联网运营与门店经营的高效融合。

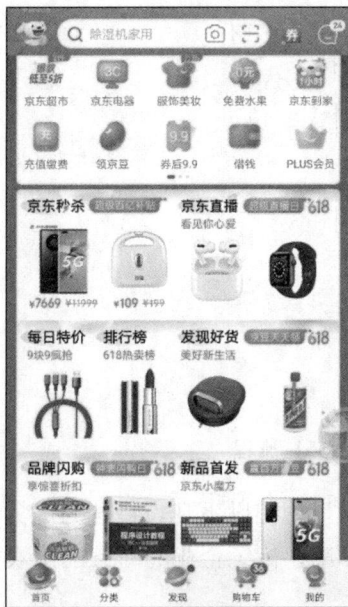

图 2-7　京东商城

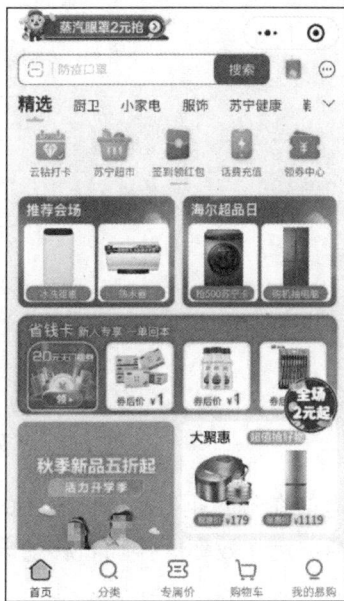

图 2-8　苏宁易购

2.2　B2B 移动电商

B2B 是当前移动电商市场中不可或缺的组成部分。目前移动互联网快速发展，大量客户都开始在移动端使用电商平台，并逐渐成为一种行为习惯。在这种趋势下，客户开始希望能够在移动端通过 App 的特色功能进行操作，实现手机购物等交易行为。移动时代的 B2B

电商正是在这种情况下强势崛起，并取得了不俗的发展。

2.2.1 B2B 概述

B2B（Business to Business，企业对企业）是移动电商的重要组成部分，我们可以将它大致概括为一个企业对其他企业的营销关系。企业通过 B2B 网站将自身与客户连接起来，并以快速反应的网络优势为基础，给客户提供更出色的服务，以此促进企业自身的发展。

常见的 B2B 交易流程如图 2-9 所示。

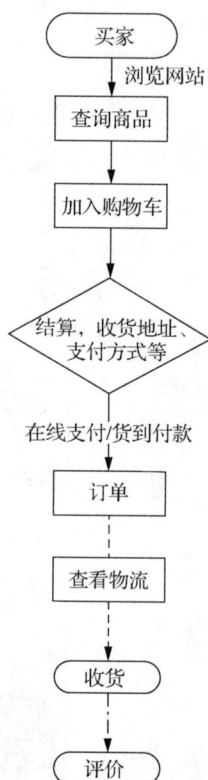

图 2-9　常见的 B2B 交易流程

B2B 移动电商在开展业务和提供服务的同时，呈现出以下几点特殊的优势。

（1）提高商务运作效率。伴随着移动电商的应用，传统企业的商务运作效率有了大幅度的提高。

（2）降低交易成本。对于一般企业来说，移动电商应用的一个重要领域是利用互联网进行广告宣传及市场调查，构筑遍及全球的营销网络，建立起无中介的销售渠道。

（3）大信息量。B2B 移动电商平台给买卖双方提供了一个庞大的商品求购市场。

（4）降低周转与管理成本。传统商务活动是由多个中间环节组成的供应链完成的，这些中间环节必然要耗费大量的物质资源，而移动电商可以缩短供应链的长度，减少中间环节与周转，减少物质资源的损耗。

（5）安全交易。认证机制保证了交易安全，解决了"拿钱不给货"和"拿货不给钱"的难题。

（6）方便结算。指定银行和指定账户的统一集中结算模式有效降低了资金结算风险，且快捷方便。

2.2.2　B2B 移动电商的运营模式

当前，人们对 B2B 移动电商的理解更多是从基本概念出发的，认为它就是企业对企业的在线交易。实际上，有一些成功的 B2B 行业网站并不是开展在线交易业务的，而是围绕着交易这个基本点进行品牌知名度的打造以及产品和企业信息的宣传推广。接下来介绍几种较为典型的 B2B 移动电商运营模式。

1. 垂直模式

所谓垂直模式，就是指面对商业或制造业的垂直 B2B 模式。垂直模式的 B2B 网站既可以是企业开设的在线商店，也可以是商家自己开设的网站，它们以此来达到自己宣传产品、促进交易的商业目的。垂直模式面对的大多是某一个行业内的从业者，其客户相对集中，且有共性；正因如此，客户群体也相对有限。典型的垂直模式 B2B 移动电商如中国服装网、全球五金网、华强电子网、化工网等。

2. 综合模式

这类 B2B 网站涉及的行业范围很广，几乎所有行业的产品都可以在同一网站上进行交易，因而也有更多的流量优势。事实上，这类网站既不是拥有产品的企业，也不是经营产品的商家。它只提供了一个平台，在平台上聚集商家和客户。客户可以在平台上找到商家和产品的相关信息。典型的综合模式 B2B 移动电商如阿里巴巴、慧聪网、中国制造网等。

3. 自建模式

自建模式更适合行业龙头企业采用，是龙头企业在移动时代下建立的行业电子商务平台。行业龙头企业的自建模式，是指企业基于自身信息化建设程度，构建以自己的产品供应链为核心的产业电商平台。行业龙头企业通过该产业电商平台连接整个产业链，供应链上下游企业通过该平台实现信息沟通和产品交易。

而对于供应链上下游企业来说，它们完全可以通过该平台达成了解咨询、实时沟通、在线交易等商业目的。但需要注意的是，这种产业电商平台的缺点也很明显，那就是太过封闭，缺乏对整条产业链的深度整合。目前，具有一定规模的生产型企业大都建有自己的 B2B 移动电商平台，供采购商直接下单采购。

4. 关联模式

在 B2B 移动电商运营模式中，垂直模式缺少横向的拓展，综合模式缺少纵向的深化，都有其局限性。为了使 B2B 移动电商平台的交易信息更为全面和精确，于是出现了综合二者优势的新模式——关联模式。

关联模式一般是指客户群体典型的产业为了提升电商平台的内容广泛程度和关联准确性，整合有关联的几个行业，融合综合模式和垂直模式而建立起来的跨行业电商平台。

2.2.3　B2B 移动电商的营销方法

在移动端市场快速变化和发展的时代，B2B 移动电商需要知道一些有效的营销方法，并在具体运营过程中加以实践。只有这样，B2B 经营活动才能真正取得成效，从而创造出良好的营销推广效果。下面介绍一些具体的营销方法。

1. 竞价排名

为了使自己的产品卖得更好，很多企业都愿意使自己的排名在 B2B 网站的信息搜索中更靠前一些。B2B 网站可以利用企业的这一心理，根据会员缴纳费用的不同适当调整排名顺序。值得注意的是，这种调整需要符合一个前提，那就是网站提供的企业信息一定要准确、真实，不能罔顾事实、胡乱排名。

2. 增值服务

B2B 网站除了提供交易供求信息之外，还可提供一些独具特色的增值服务项目，如企业认证、独立域名、搜索引擎优化等，这样可以实现宣传创收的目的。例如，针对电子行业的现货认证以及涉及电子型号的谷歌排名服务，就是这类增值服务的具体体现。

3. 会员费

会员费是指企业通过第三方电子商务平台参与电子商务交易，必须注册为 B2B 网站的会员，每年要缴纳一定的会员费，才能享受网站提供的各种服务。其中，阿里巴巴、慧聪网即是这类平台的代表。目前会员费已成为我国 B2B 网站主要的收入来源。

4. 商务合作

商务合作模式主要包括广告联盟、政府及行业协会之间的合作、传统媒体间的合作等。然而，对于网络广告联盟来说，它在我国算是一种比较新的事物，很多网站对于利用联盟进行营销有些陌生，因而用于营销实战的情况较少。

2.2.4　B2B 移动电商的网站优化

提到 B2B 网站的优化，很多人都会觉得茫然，不知道该从哪里做起。其实，B2B 网站的优化问题并不像人们想象中那样复杂。一般来说，网站内容质量高，并能解决好由内容衍生出的相关问题，提升客户的使用体验，就可以使 B2B 网站的优化问题得到很大程度的解决。

1. 综合问题解决方案

B2B 网站结构看似简单，但其中往往有很多隐患，如分类目录不合理、网站 PR 值（PageRank，网页排名）低等，它们很难从整体上得到解决。这些隐患往往会降低 B2B 网站的竞争力，给客户带来不好的使用体验。

针对上述情况，B2B 网站需要建立一个有效的优化体系，解决网站存在的各类隐患和问题。而对于 B2B 网站来说，此类优化方案需要由前端页面编辑人员、内容编辑、推广人员和数据分析员合作完成，四者分别负责不同的方面，以求从整体上对 B2B 网站进行优化。

（1）前端页面编辑人员。前端页面编辑人员的工作重点在于站内优化方面，主要负责对站点结构（扁平化结构、辅助导航等）进行合理规划和设置内容页结构（热门文章、推荐文章等），使网站的加载速度更快、页面结构更整洁。

（2）内容编辑。内容编辑主要负责网站的内容建设，其职责主要在于保障内容的原创性或伪原创性，对内容细节（标题、关键词等）进行优化，合理部署关键词以及采取灵活有效的内链策略（对文章内部链接数量进行控制等）。

（3）推广人员。推广人员重点负责网站的站外优化，包括建立外链基本途径（友情链接、软文等）、创新链接思路（举办带有链接的活动等）。

（4）数据分析员。数据分析员通过对网站交易数据、竞争对手数据、相关行业关键词数据等信息进行总结分析，对流量的来源和客户的定位做出合理化预测。

通过上述 4 个方面的优化，一个 B2B 网站的综合优化方案已成型，接下来就是不断打磨、逐渐完善的过程。这是一个长期积累的过程，网站经营方需要按照上述具体方案长期坚持执行。

2. 收录问题解决方案

有些人觉得 B2B 网站的收录比较容易，其实并非如此。因为随着供求信息发布量不断增加，很多新信息开始滚动更新，但搜索引擎却并未将其全部收录，有相当一部分的新信息逐渐滚动到多层次目录下面，造成无法被收录的情况。

这种情况的发生在很大程度上是由于网站结构层次设计不合理。如果能够将分类目录等层级结构设计得合理一些，再将网页尽量转化为静态网页，则可以在一定程度上改善收录问题，使更多信息被搜索引擎录入，从而在一定程度上解决现有的 B2B 收录问题。

3. 动态网页问题解决方案

在移动互联网快速发展的今天，很多发展情况良好的网站已经通过有效的网站优化，基本达到了静态化处理所有信息的能力。但是，很多 B2B 网站没有做到这一点，它们依旧使用全动态网页技术，甚至动态生成的范围已经扩展到主栏目和二级栏目。

这种动态的 B2B 网站在搜索引擎的自然检索结果中已经不能取得优势，即使搜索引擎收录了网页，对于其他同类内容的静态网页来说也已经处于劣势地位，最后只能是陷入访问量不断减少的怪圈之中。因此，模仿领先网站，实现 B2B 网站的静态化改造，使网站能够对所有信息进行静态化处理，才是解决动态网页问题的主要出路。

2.2.5 常见的 B2B 移动电商平台

在"互联网+"发展的推动下，B2B 移动电商平台迎来爆发式的发展，阿里巴巴成为 B2B 移动电商平台中的翘楚，同时也不乏像慧聪网一样的移动电商平台相继出现。这几年，它们依托各自的平台优势迅速发展起来。

常见的 B2B 移动
电商平台

1. 阿里巴巴

阿里巴巴是我国有名的 B2B 移动电商平台之一。阿里巴巴品类全、品牌多，很多境外的商家也会选择从阿里巴巴上批发进货，所以它也是很多企业开展跨境电商业务的平台。阿里巴巴为商家、品牌及其他企业提供技术基础设施和营销平台，帮助其借助新技术的力量与客户进行互动，并更高效地经营。图 2-10 所示为阿里巴巴电商平台。

2. 慧聪网

慧聪网是我国较早提供 B2B 电子商务服务的平台之一，其主要模式是商家入驻平台发布信息，对于批发量大的商品，有需的商户可以自行商谈采购。慧聪网上可以发布求购信息，也可以发布供应信息，是一家综合性很强的 B2B 电子商务网站。慧聪网上每天有上千万条有效信息，集供应商、产品供应、项目供应、供应市场、供应动态分析、供应资讯等信息于一体，让企业足不出户就可成交生意。图 2-11 所示为慧聪网。

图 2-10　阿里巴巴电商平台

图 2-11　慧聪网

2.3　C2C 移动电商

　　C2C 作为现代电商中的典型代表，发展势头十分迅猛，以淘宝网为代表的一批 C2C 电商网站的兴起，更是对我们的社会生活产生了重大影响。其中一个很重要的变化是我们不必出门，就可以通过 C2C 电商网站买到很多想买的产品。在移动互联网时代，C2C 电商又发生了新的变化，它变得更加快捷高效，进入门槛更低，可以为买卖双方提供更好的交易体验和相关服务。

2.3.1　C2C 概述

C2C（Consumer to Consumer，客户对客户），具体解释为个人对个人开展的电子商务活动。买卖双方交易的场所是独立于双方之外的 C2C 电商平台，此类平台负责提供信息推送、信息查询、支付、物流等服务，从而保证交易活动的顺利进行。

C2C 服务提供商构建网络交易中介平台，通过宣传发展会员。卖家会员在此平台上进行注册并开设店铺，买家通过浏览网站寻找到自己想要的产品，双方通过网站提供的交流工具进行协商。达成一致后，买家先将货款支付到网站提供的第三方支付平台；然后卖家发货，买家收到货物并查验无误后，第三方支付平台再放款给卖家。图 2-12 所示为淘宝平台中的交易流程。

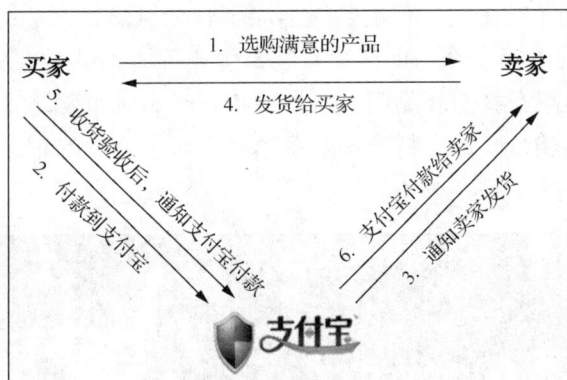

图 2-12　淘宝平台中的交易流程

C2C 服务提供商主要通过向卖家收取店铺费用、交易服务费、广告费来获利。由于我国各 C2C 服务提供商之间竞争激烈，因而大部分 C2C 服务提供商都免费提供服务。

C2C 电商网站的主要特点如下。

1. 提供信息交流平台

C2C 电商网站是一个充分体现互联网自由精神的电子商务平台，卖家和买家可以在这个平台上进行充分的沟通交流，在愉快的互动氛围中完成交易。

2. 提供配套服务

C2C 电商网站除了为买卖双方提供交流互动渠道外，还为两者提供相关的配套服务。功能较为完善的支付平台，快速高效的物流配送服务，以及为买卖双方调解纠纷、进行仲裁等，都属于 C2C 电商网站提供的配套服务，它们可以保证交易行为顺利完成。

3. 客户数量极多

C2C 电商网站面向的是所有人，而且没有加盟入驻费用。这就意味着几乎任何人都可以成为卖家或买家，展开售卖或购买活动。甚至在很多情况下，客户在具有买家身份的同时也具有卖家身份。

4. 产品种类繁杂

人们在 C2C 电商网站中几乎可以找到任何产品，从日常用品到收藏品，从低端产品到高端奢侈品，应有尽有。但是在产品种类繁多的同时，产品质量往往良莠不齐。C2C 电商网站中既有正品和品牌产品，也可能有仿冒产品和破旧产品，令人眼花缭乱，很难分辨真伪。

5．小规模交易较多

在 C2C 电商网站上进行交易的买卖双方往往是个人，每次交易的数量和规模有限，因而 C2C 电商网站上的交易以小规模业务居多，广大卖家更多采取"薄利多销"的方式来盈利。这也是 C2C 移动电商一个很重要的特点。

2.3.2　C2C 移动电商的运营模式

C2C 移动电商的两种基本运营模式如下。

1．微店模式

微店模式的典型例子是微店。目前，微店旗下包括微店社区、微店店长版、微店商城版、微店分销、微店 Park 等多个帮助商家开展销售业务的流量渠道及软件服务。在多个行业领域里，微店的店主正在打造新品类、新品牌和新产品。如今，微店已经成为棉花娃娃、汉服、精品咖啡、烘焙美食、地方特产等众多领域中玩家客户的首选平台。图 2-13 所示为微店平台。

图 2-13　微店平台

目前商家在微店开店的门槛极低，只需要通过手机号、身份证号、银行卡号等信息进行验证即可注册店铺。店铺注册成功后，商家可以自由添加商品，分享店铺或商品信息。

2．网店模式

网络改变了人们的很多习惯，几年前人们还习惯到商场购物，如今很多人在家轻轻一点鼠标，即可在网上买到自己喜欢的商品。网店模式越来越受到人们的重视，它是一种在互联网时代背景下诞生的新销售方式，具体来说就是，经营者在互联网上注册一个虚拟网上商店并出售商品。淘宝网、京东商城等许多大型专业网站都提供网上开店服务。这种方式的网上开店相当于线下去一些大的商场里租用一个店铺或柜台，借助大商场的影响与人气做生意，我们目前所看到的网上开店基本都采用这种方式。

经营者将待售商品的信息以图片和文字的形式发布到网页上，对商品感兴趣的购买者通过网上支付方式向经营者付款。经营者通过邮寄、快递等方式将商品实物发送给购买者。相比于传统的商业模式，网上开店投入不大、经营方式灵活，可以为经营者提供较大的利润空间，因此越来越多的人开始选择这种方式进行经营。网店模式的典型例子是淘宝网。

2.3.3　C2C 移动电商的盈利模式

C2C 移动电商具有灵活性的特点，这种特点使其交易过程变得简单方便，从而容易获取到大量客户的支持与认可，使交易量保持在很高的水平。但是，人们对于 C2C 移动电商的盈利模式却一直是众说纷纭。那么，到底该怎样做才能实现 C2C 移动电商的健康盈利呢？

1.　会员费

会员费就是 C2C 移动电商平台向注册会员收取的服务费用，它包括网上店铺的租赁费用、公司认证费用、商品推荐服务费用等。对于 C2C 移动电商来说，这是一种比较稳定的盈利。

2.　佣金收入

佣金收入的来源是买卖双方的交易提成，它是 C2C 移动电商平台的主要收益方式。而在交易中取得提成，又恰恰可以体现出市场的盈利本性。

3.　增值收入

在 C2C 移动电商平台中，增值服务很常见，如分配商家店铺、搜索竞价排名、信誉增值服务等。这些服务可以很好地提升平台与商家的经营效率，增加盈利收入，因此受到了不少商家的支持，引起了良好的市场反响。

4.　广告费用

C2C 移动电商可以在网站平台上投放各种广告，然后根据网站流量、广告位置、目标客户群定位等因素确定广告价格，吸引有需求的客户进行购买。当网站的访问量很大，客户黏度也足够强时，广告费收入会相当可观。

5.　支付环节收费

电子商务的发展一直受到支付问题的制约，直到支付宝出现，这一问题才得到一定程度的改善。在 C2C 移动电商平台，客户可以把款项打入支付公司的账户，等到确认收货后，再通过支付公司将款项转入商家账户，这就为买卖双方的交易提供了一定的安全保障。支付公司在这个过程中可以从交易额中按比例扣除一部分费用，当作支付手续费。

2.3.4　常见的 C2C 移动电商平台

随着互联网的迅速发展，网上购物这种购物方式在人们的生活中已经十分普遍。如果没有一个合适的平台，仅靠买卖双方进行单纯的互联网人工搜索是很难实现交易的。其结果是客户没有买到自己想要的商品，商家也没有很好的销量。常见的 C2C 移动电商平台有手机淘宝、闲鱼。

常见的 C2C 移动
电商平台

1.　手机淘宝

手机淘宝的入门门槛极低，几乎所有人都可以注册成为手机淘宝的客户，在手机淘宝网站上进行买卖交易。而手机淘宝商品种类的繁杂特性，使得无论是一把扫帚，还是一台电视机，都可以在手机淘宝上买到，从而极大地方便了人们的生活，使手机淘宝得到了大众的支持与喜爱。图 2-14 所示为手机淘宝。

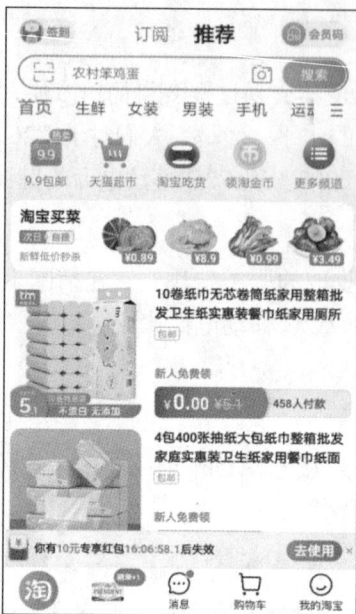

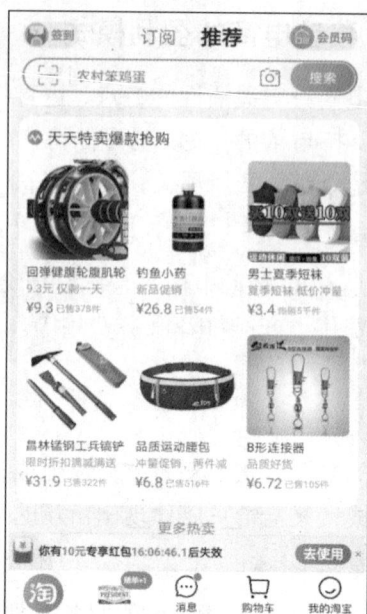

图 2-14　手机淘宝

手机淘宝致力于推动"货真价实、物美价廉、按需定制"网货的普及，帮助更多的客户享用海量且丰富的网货，获得更高的生活品质。手机淘宝通过提供网络销售平台等基础性服务，帮助更多的企业开拓市场、建立品牌，实现产业升级，也帮助更多胸怀梦想的人通过网络实现创业就业的梦想。

2. 闲鱼

闲鱼是阿里巴巴旗下闲置交易平台。会员只要使用淘宝或支付宝账户登录，无须经过复杂的开店流程，即可实现包括一键转卖个人淘宝账号中"已买到宝贝"、自主手机拍照上传二手闲置物品以及在线交易等诸多功能。闲鱼上不仅有丰富的数码产品、家具家电等闲置商品供客户挑选，更有美妆母婴、文玩珠宝、明星玩家的各类好物呈现。图 2-15 所示为闲鱼 App。

图 2-15　闲鱼 App

截至 2020 年，闲鱼用户数已达 3 亿且以"90 后"年轻用户为主。国内的闲置市场已从初级的"二手交易"走向更为综合的"品质消费"。为此，闲鱼针对奢侈品、手机数码、潮鞋潮玩、美妆四大领域推出"无忧购"和 48 小时"省心卖"等服务。闲鱼将占据国内闲置市场的半壁江山。

2.4　O2O 移动电商

在移动互联网时代，我们在进行各种活动前往往会掏出智能手机，使用各类移动应用服务。例如，想要打车时使用打车软件，想看电影时团购电影票，想去唱歌时通过美团等软件预订 KTV 包厢。移动端软硬件技术不断发展，移动互联网与现实生活间的联系越加紧密，连接线上与线下的 O2O 移动电商，更是对我们的工作与生活产生了深远的影响。

2.4.1　O2O 概述

O2O（Online to Offline，线上到线下）通过打折、提供信息、预订服务等方式，把线下商店的消息推送给互联网客户，从而将他们转换为线下客户。这种模式特别适合必须到店消费的商品和服务，如健身、电影演出、美容美发等。图 2-16 所示为饿了么。

图 2-16　饿了么

适合 O2O 移动电商的行业有哪些呢？

1．客户比较成熟

一个行业的客户比较成熟十分重要。这里的成熟是指客户在消费前会上网查询信息，这些信息又会在多大程度上影响他们的决策。

2．商家比较成熟

一个行业的商家是否成熟，直接决定了线下推广的难度。相比于获取客户，O2O 移动电商更难的是争取实体店的商家入驻。客户可以通过流量导入，而商家往往需要一家一家去线下商谈。

3．行业规模够大

只有规模够大的行业才有更多的盈利空间。例如，吃饭是每个人的刚需，餐饮行业的市场足够大，所以才会有美团外卖、饿了么等。

2.4.2　O2O 移动电商的运营模式

O2O 具有连接线上与线下的特点，而移动 App 也具有相似功能。这就说明移动 App 天然具有使用 O2O 模式的优势，而 O2O 模式在移动端则具备非常广阔的应用前景。O2O 移动电商的运营模式主要有以下几个方面。

1．优惠模式

优惠模式主要体现在对优惠券的运用上。优惠券是指客户购物时所享受到的折扣、优惠促销、赠送赠品等服务形式。这是一种应用范围广、成效十分显著的运营模式。图 2-17 所示为优惠促销。

图 2-17　优惠促销

2．积分模式

积分模式是一种较为先进的商务运营手段，它在 O2O 模式中也很适用。其具体应用方法包括购物送积分、宣传送积分、推荐送积分。

购物送积分是指客户只要进入商家的店铺并产生购物行为，就可以获得兑换商品的积分。这种策略不但可以促使犹豫不决的客户打消顾虑，产生购买行为，还可以促使他们进行重复购买。

宣传送积分是指一旦客户对商品或店铺进行宣传推广，商家就可以赠送积分。例如，客户在微信朋友圈分享商品的照片，商家就可以赠送激励积分，以此来促使更多客户进行裂变式传播。

推荐送积分是针对一些购买过商品的老客户，商家可以利用积分换推荐的方式，促使他们成为商家的推销人员，在其圈子中推荐商品，进而为商家带来新的客户。

3. 返利模式

返利模式的重点在于现金返利，这是一种很容易激发客户兴趣的运营模式。其具体方式是引导客户开展商品推荐活动，每当其带来一个新客户并成交时，就将商品利润按照一定比例分给他。这种做法会在很大程度上激发客户推荐商品的积极性。

4. 信息分享模式

为客户提供及时、全面的线上商品信息，并通过引导措施将他们从线上吸引到线下体验店，最后再通过线上支付的方式产生购买行为，这是 O2O 模式的重要特征之一。这一运营模式的重点在于信息分享，所以，为客户提供真实、有效、精准的线上服务信息，是商家开展经营活动的重要保障。

5. 推荐服务模式

商家先在服务平台上发布商品优惠信息，然后客户通过移动端 LBS（Location Based Service，基于位置服务）推荐功能，得到离自己最近的店铺信息。一旦二者产生重合，且客户对优惠信息比较感兴趣，就很容易被吸引到该商家的店铺中进行消费。在这一过程中，O2O很像是商家的宣传推广渠道。

2.4.3　O2O 移动电商的营销策略

O2O 电商与移动端的联系日益紧密，衍生出了很多具体的营销策略。这些策略既符合移动端碎片化的经营特点，又结合了线上与线下的双重优势，很适合 O2O 移动电商在营销实战过程中加以应用。

1. 体验式营销

若想实施体验式营销，商家需要从各个方面进行综合分析，如内部发展情况、外部市场情况、竞争对手情况、合作伙伴实力、目标客户定位、目标客户喜好等。除此之外，那些影响到目标客户行为和价值观的文化因素，也是商家需要慎重考虑的。商家只有综合分析上述情况，搭建一个完整、合理的体验式营销体系，才更容易起到良好的营销效果。

（1）重视客户的体验

我们都有这样的经历：买衣服或鞋子时喜欢试穿，买手机或其他电子产品时喜欢试用。如果商家拒绝我们的体验要求，我们就不太可能购买。这就是客户体验需求的具体体现。

（2）重视环境的体验

一瓶饮料的成本可能只有几元，但是当其作为商品在商店出售时，价格可能就会变成二三十元；而当其中加入了"服务"的元素，在五星级大酒店出售时，价格甚至会高达百元。这就是环境因素对商品价格的影响。

在不同的环境中，客户对同等商品的价格接受度是不一样的。商家在开展营销活动时，也要注重打造良好的购物环境与氛围，提升客户的环境体验，这样会起到促进产品销售的良好效果。

（3）重视消费的体验

在商品同质化现象较为严重的今天，良好的消费体验服务已经成为影响客户选择商品的重要因素。所谓消费体验服务，就是指通过售前、售中和售后全方位的良好体验，使客户对商家的服务产生认同感，进而凸显出品牌的价值，提高客户对品牌的忠诚度。

（4）重视感性因素

客户在购买商品时，既会有理性的考虑，也会有感性的选择。商家在满足客户理性需求的同时，还要注意客户的感情、文化类需求，获取客户的好感与支持，从而起到出色的营销效果。

（5）树立体验主题

商家要想做好体验营销，就要为体验树立一个明确的主题，加深客户对体验的相关印象。例如，现在很常见的主题公园、主题展览会等，就是主题化体验的具体例子。

但是，体验主题并不是随便确立的，它既要符合商家的经营特点和客户的心理需求，也要凸显出一定的创新意识，吸引更多人的关注。例如，芬达的推广主题"开心看法在芬达"，就是抛开了口味上的因素，强调释放压力、开心快乐，从而吸引了很多青少年和时尚人士的关注，起到了很好的营销效果。

2. 直复式营销

直复式营销是个性化需求的产物，是传播个性化产品和服务的最佳渠道。直复式营销是一种为了在任何地方产生可度量的反应和（或）达成交易，使用一种或多种广告媒体的相互作用的市场营销体系。

上述说法比较专业，如果用通俗些的语言来解释，直复式营销就是通过媒体手段，将商品相关信息定向传送给某个潜在客户，并对该客户提出立即订购要求的营销形式。

3. 情感式营销

　　在科技飞速发展的移动互联网时代，营销活动越发强调"走心"，也就是直击人心，引起客户的情感共鸣。因此，商家需要全面了解自己的客户，做出触动人心的营销内容，从而潜移默化地宣传品牌和商品，让客户心甘情愿接受商家的传播类信息。

　　（1）利用场景，借势营销

　　移动互联网的发展为场景化营销提供了必要基础，商家可以通过构建与大众生活息息相关的场景，使营销贴近生活，从而赢取客户的好感与支持。例如，飞鹤乳业开展的"爱·没有距离"活动，就是借助春运的大背景，通过赠送免费 Wi-Fi，引导客户向亲友寄送"鹤"卡，并通过播放《爱·没有距离》微电影等形式将品牌巧妙地宣传出去，并使很多客户转化为品牌的支持者和传播者。

　　（2）情感互动

　　商家若想做好情感式营销，就要拉近与客户间的关系，通过有效互动，找出目标客户的真实需求。例如，潘婷对其目标客户——年轻女性进行深入挖掘，找出了她们的共性——渴望美好生活、追求内心强大，并根据群体个性将她们分为白领、年轻妈妈和"90后"等不同等级。商家根据受众的不同，采取差异化的沟通与营销措施，从而引起目标客户的情感共鸣，起到了很好的营销宣传效果。

　　（3）人文关怀

　　好的情感式营销除了要有出色的创意，还要彰显人文关怀，向社会传达积极的正能量。人文关怀强调爱的传递，有利于塑造强烈的情感品牌，引发客户的深入互动，从而在不知不觉间产生良好的品牌宣传效果。

4. 数据式营销

　　很多人都听说过利用大数据进行营销的方法，但是他们对其中的具体实施过程却不一定了解。其实，数据式营销的核心就在于"抓潜"二字，即抓取潜在客户的信息。

　　（1）选择数据工具

　　商家要想开展数据式营销，首要条件便是选择一个合适的数据工具，如 QQ、微信、微博等；然后利用这些工具与潜在客户进行有效的互动沟通，以便及时掌握他们的相关信息。需要注意的是，所选工具最好支持批量联系，而且可以根据自身情况组合使用不同的工具，这样可以起到较好的营销推广效果。图 2-18 所示为利用微信群营销。

　　（2）分析目标人群的痛点

　　商家需要通过各种手段分析产品适用人群的痛点，明确他们的不同需求，以便做到精准营销。

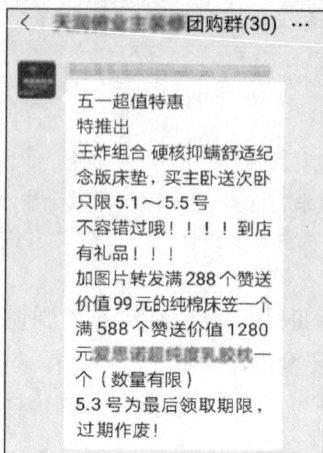

图 2-18　利用微信群营销

（3）设计"吸潜"流程

当商家通过各种方法了解到潜在客户的痛点后，接下来就是设计有效的"吸潜"流程了。所谓"吸潜"，就是指吸引潜在客户关注。商家需要在了解客户痛点的基础上，设计一些免费的趣味活动（抽奖、有奖问答等），然后在客户参加活动的过程中将他们引入数据库，从而收集大量的客户信息。

2.4.4　常见的 O2O 移动电商平台

下面介绍常见的 O2O 移动电商平台，如大众点评、叮咚买菜、神州租车。

1．大众点评

大众点评是本地生活信息及交易平台，它不仅为客户提供商户信息、消费点评及消费优惠等信息服务，同时提供团购、餐厅预订、外卖及电子会员卡等 O2O 交易服务。在移动互联网时代，大众点评紧跟形势发展，推出了大众点评 App，如图 2-19 所示。该款 App 一经推出，就受到很多客户的好评。

如今智能手机的普及率极高，客户的消费信息、个人偏好等数据都可以通过移动端进行收集，从而方便商家在大量真实数据的基础上进行有效分析，做到精准营销。大众点评 App通过移动互联网，结合地理位置及客户的个性化消费需求，为客户随时随地提供美食、景点、休闲玩乐等领域的商户信息、消费优惠以及发布消费评价的互动平台。

2．叮咚买菜

叮咚买菜是一款自营生鲜平台及提供配送服务的生活服务类 App。它主要提供的产品有蔬菜、豆制品、水果、肉禽蛋、水产海鲜、米面粮油、休闲食品等。叮咚买菜致力于通过产地直采、前置仓配货和最快 29 分钟配送到家的服务模式，以技术驱动产业链升级，为客户提供品质好、时间快、品类全的生鲜消费体验。

叮咚买菜聚焦社区 O2O 服务，不断探索适应社区生态的营销方法。在引导激活方面，叮咚买菜开展了绿卡特惠、限时抢购、首单免邮等促销方式，刺激客户快速下单。图 2-20 所示为叮咚买菜。它通过邀请有礼、新人专享福利等方式获取客户，如图 2-21 所示；然后通过微信社群运营随时获取客户反馈，保证忠实客户的服务体验。

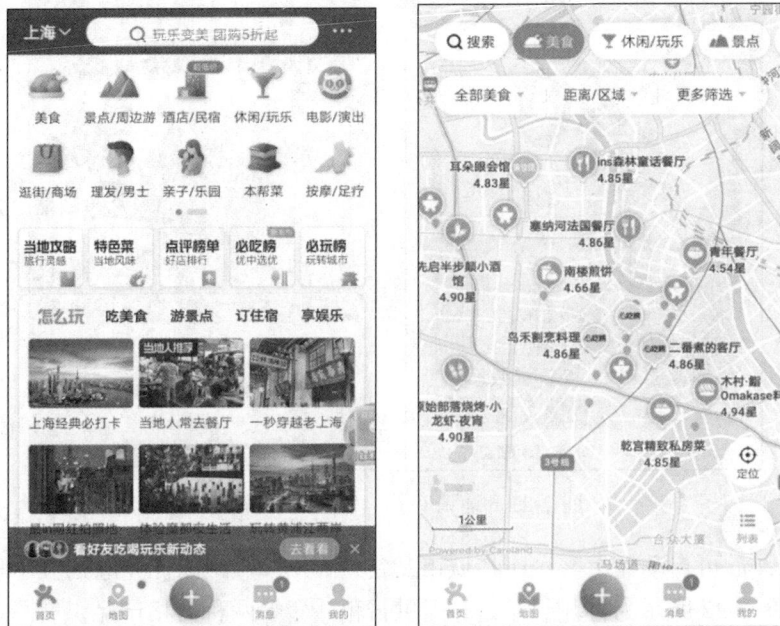

图 2-19　大众点评 App

图 2-20　叮咚买菜

3．神州租车

神州租车为客户提供短租、长租及融资租赁等专业化的汽车租赁服务，以及全国救援、异地还车等完善的配套服务。神州租车通过自有投资和合作的模式，业务覆盖汽车全产业链，成为新一代客户的无车生活共享平台，为广大客户提供更新、更全面的汽车生活服务，满足大家不断升级的汽车消费需求。

图 2-21　邀请有礼、新人专享福利

　　神州租车 App 可自动显示客户所在城市及定位，并按照距离优先原则展示附近门店及可租车型信息。图 2-22 所示为神州租车，它提供日租、套餐两种价格产品供客户选择。客户可帮他人下单、代付、担保。在用车过程中，客户可自助修改、取消订单。租车后如遇意外情况，在 App 上简单操作即可实现车辆出险、线上报案及换车等功能。

图 2-22　神州租车

案例分析

阿里巴巴的移动端发展

　　阿里巴巴除了在电子商务领域有所发展之外，也在移动终端系统上投入了很多资金和时间，它创造并完善了一个系统——阿里云系统。搭载阿里云系统的手机一经面世就遭到大部分人的"吐槽"和批判。阿里云系统不仅卡顿，手机无线网络的速度又无法支撑云计算存储、服务和操作，被人们称为"鸡肋"的系统。

随着 4G 技术和无线通信技术的普及应用，阿里云系统重新走入人们的视线。"阿里云OS"融合了阿里巴巴在云数据存储、云计算服务、云操作系统等多领域的技术成果。搭载阿里云系统的手机依托于阿里巴巴在电子商务领域积累的经验和强大的云计算平台，采用Cloud App 的方式，只要身边有无线网络或手机网络，就可以运行 OS 平台上的各种应用。

思考题：

（1）阿里巴巴的移动端发展成功的原因是什么？

（2）什么是阿里云 OS？

【成功原因解析】

阿里巴巴得以在移动端全面布局，其中的关键在于移动端淘宝等应用的大数据。借助这些数据，阿里巴巴可以随时根据客户的需要推荐客户喜欢的商品或服务。除此之外，阿里云还可以给客户提供无比巨大的云空间，客户的私密信息、联系人、照片等都可以备份到云系统中。

练习与思考

一、选择题

1.（　　）指企业直接面向客户提供商品售卖和相关服务的电子商务模式。

　　A．B2B 移动电商模式　　　　　　　　B．B2C 移动电商模式

　　C．C2C 移动电商模式

2.（　　）主要有网上订阅模式、收取服务费模式、付费浏览模式、广告支持模式、网上赠与模式等。

　　A．无形商品模式　　B．实物商品模式　　C．平台型模式

3.（　　）指整个平台是隶属于某一垂直大类的，但是其中售卖的产品不仅是平台方的，还有入驻商家的，如麦包包、爱婴坊、都市丽人等。

　　A．品牌自营 B2C　　B．平台型综合 B2C　　C．平台型垂直 B2C

4.（　　）的重点在于现金返利，这是一种很容易激发客户兴趣的运营模式。

　　A．返利模式　　　　　B．优惠模式　　　　　C．积分模式

5.（　　）面对的大多是某一个行业内的从业者，客户相对集中，也有共性，正因如此，客户群体也相对有限。

　　A．综合模式　　　　　B．垂直 B2B 模式　　　C．关联模式

二、判断题

1．移动电子商务模式是企业运用移动互联网开展经营取得营业收入的基本方式。

（　　）

2．B2C 是广大客户接触较多的电子商务模式，它的经营方式就是企业向企业直接销售商品或服务。　　　　　　　　　　　　　　　　　　　　　　　　　　　（　　）

3．很多官方品牌的店铺就属于品牌自营 B2C。　　　　　　　　　　　　　　（　　）

4．天猫是 C2C 平台型商城的典型代表。　　　　　　　　　　　　　　　　（　　）

5．自建平台模式更适合小型商家采用，是在移动时代下建立的行业电子商务平台。
　　　　　　　　　　　　　　　　　　　　　　　　　　　　　　　　　　（　　）

三、复习思考题

1．B2C 移动电商的运营模式有哪些？

2．B2C 移动电商在营销过程中为何需要用到消除法？它包含了哪些方面的内容？

3．B2B 移动电商的优势有哪些？

4．B2B 移动电商的营销方法有哪些？

5．怎样做才能实现 C2C 移动电商的健康盈利呢？

6．O2O 移动电商的运营模式有哪些？

任务实训

实训目标

基于线下商业的 O2O 融合创新为移动电商的发展开辟了更加广阔的空间，我们应熟悉常见的 O2O 移动电商平台、O2O 移动电商运营模式，掌握 O2O 移动电商的营销策略。

实训要求

（1）搭建一个完整、合理的体验式营销体系，重视客户的体验、重视环境的体验、重视消费的体验、重视感性因素。

（2）了解自己的客户，采用情感式营销让客户心甘情愿地接受商家的传播类信息，并通过有效互动找出目标客户的真实需求。

（3）采用数据式营销，选择合适的数据工具，如 QQ、微信、微博等，与客户进行有效沟通，分析目标人群的痛点。

第 3 章　跨境移动电商

【学习目标】

◎ 初步认识跨境移动电商。
◎ 掌握跨境移动电商物流。
◎ 掌握跨境移动电商的营销策略。
◎ 掌握常见的跨境移动电商平台。

目前，我国对外贸易受市场需求、资源、劳动力成本等多方面因素影响，对外贸易的综合成本不断攀升，而互联网的跨地域和低成本使跨境移动电商应需而生。以全球速卖通、Wish、Amazon 为代表的跨境移动电商迅速崛起，使我国对外贸易进入了新时代，对保持对外贸易稳定、持续增长起到了重要作用。与传统外贸相比，跨境移动电商可以有效地节约资源和降低对外贸易的综合成本。跨境电商平台拥有商品智能检索、商品信息公开、客户反馈公开、传播速度快、支付便捷等多方面优势，为中小型企业进入国际市场开辟了捷径，也为本土知名品牌提供了提升国际知名度的良机。

3.1　初步认识跨境移动电商

跨境移动电商搭建起一个自由、开放、通用、普惠的全球贸易平台。在这个平台上，亿万客户可以方便地购买来自全球各地的商品，中小型企业可以把商品卖到全球各地，真正实现全球连接、全球联动。

初步认识跨境
移动电商

3.1.1　跨境移动电商概述

从狭义上看，跨境移动电商是指分属不同关境的交易主体，通过移动电商的手段将传统进出口贸易中的展示、洽谈、成交环节电子化，并通过跨境物流送达商品、完成交易的一种国际商业活动。

从广义上看，跨境移动电商的统计对象以跨境移动电子商务中心商品交易部分（不含服务部分）为主，它既包含跨境移动电商交易中的跨境零售，又包含跨境移动电商的 B2B 部分，还包括通过互联网渠道线上进行交易洽谈，促成线下成交的部分。它与传统外贸的交易流程存在较大区别。

随着移动电商的发展，移动电商平台已经超越了传统意义上的市场范围，不再受到时间、空间等因素的影响和限制，全球性的跨境移动电商平台正在形成。对企业经营管理者来说，全球化交易平台使企业的国际贸易业务得到进一步扩展；对个体客户来说，通过全球化交易平台可以进行跨境交易，极大地满足了客户对国际消费市场的需求，大大促进了跨境移动电商平台的发展。

我国跨境移动电商行业有以下 4 个特征。

（1）跨境移动电商交易规模持续扩大，在我国进出口贸易中所占的比例越来越高。

（2）跨境移动电商以出口业务为主，出口跨境移动电商有望延续快速发展态势。

（3）跨境移动电商以 B2B 业务为主，B2C 跨境模式逐渐兴起且有扩大的趋势。

（4）国家政策对跨境移动电商的扶持力度大幅增加。

📖 **小提示**

当前世界贸易增速趋于收敛，为开拓市场、提高效益，越来越多的商家开始着力于减少流通环节、降低流通成本、拉近与国外客户的距离，而跨境移动电商为此提供了有利的渠道。

3.1.2 跨境移动电商分类

随着跨境移动电商市场的高速发展，跨境移动电商平台数量呈增长趋势，涉及跨境移动电商的新模式也层出不穷。跨境移动电商根据不同的分类维度，可以分成不同的类别。

1. 按商品流向分

按商品流向，跨境移动电商可以分为进口跨境移动电商和出口跨境移动电商。

（1）进口跨境移动电商。它是指境外商家将商品直销给境内客户，一般是境内客户访问境外商家的购物网站选择商品，然后下单，最后由境外商家发国际快递将商品寄给境内客户。

（2）出口跨境移动电商。它是指境内商家将商品直销给境外客户，一般是境外客户访问境内商家的网站，然后下单购买并完成支付，最后由境内商家通过国际物流发货给境外客户。

2. 按交易对象分

按交易对象，跨境移动电商可以分为 B2B 型、B2C 型。

（1）B2B 型。企业依靠电子商务，线上以发布广告和信息为主。

（2）B2C 型。企业直接面对境外客户，以销售个人消费品为主，物流方面主要采用航空小包、邮寄、快递等方式。其报关主体是邮政或快递公司。

3. 按销售经营模式分

按销售经营模式，跨境移动电商可以分为纯平台、自营+平台、自营。

（1）纯平台企业仅提供平台，不涉足采购和配送等领域。

（2）自营+平台企业一方面自营部分商品赚差价，另一方面作为平台提供方收取佣金。

（3）自营企业则完全自营赚差价，往往涉足采购和配送等领域。

4．按业务专业性分

按业务专业性，跨境移动电商可以分为综合型跨境移动电商和垂直型跨境移动电商。

（1）综合型跨境移动电商的业务比较多元化，其客户流量及商家的商品数量巨大。

（2）垂直型跨境移动电商的业务比较专业化，专注核心品类的深耕细作。

3.1.3　跨境移动电商的流程

跨境移动电商出口的流程为：生产商或制造商将商品通过跨境移动电商企业（纯平台企业或自营企业）进行线上展示，在商品被选购下单并完成支付后，跨境移动电商企业将商品交付给境内物流企业进行投递；商品经过海关通关商检后，最终经由境外物流企业送达客户手中，从而完成整个跨境移动电商交易过程。在实际操作中，有的跨境移动电商企业直接与第三方综合服务平台合作，让第三方综合服务平台代办物流、通关商检等一系列环节的手续。也有的跨境移动电商企业通过设置海外仓等方法简化跨境移动电商部分环节的操作。

跨境移动电商进口的流程除方向与出口流程相反外，其他内容基本相同。图 3-1 所示为跨境移动电商的流程。

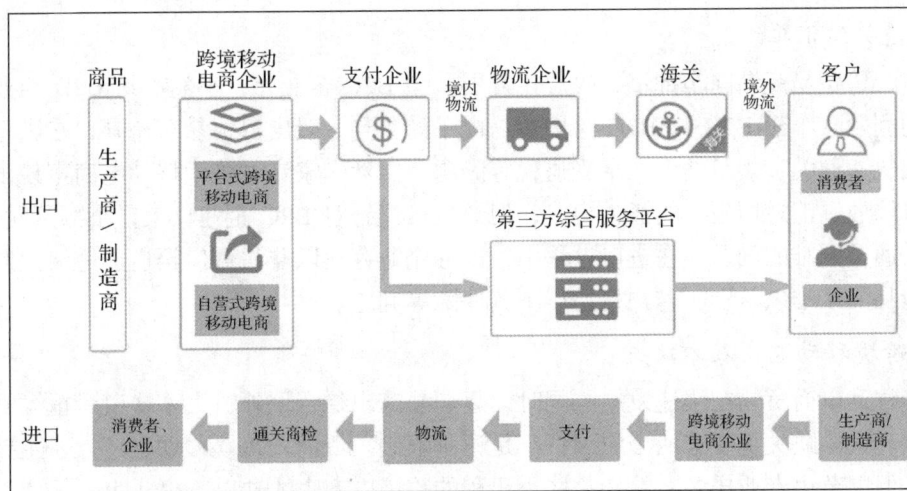

图 3-1　跨境移动电商的流程

可见，跨境移动电商兼具一般电子商务和传统国际贸易的双重特性，其贸易流程比一般电子商务的贸易流程要复杂得多，涉及国际运输、进出口通关、国际支付与结算等多重环节，也比传统国际贸易更需要考虑国际展示和运营的电子商务特性。跨境移动电商在国际贸易领域发挥着越来越重要的作用。

3.1.4　跨境移动电商的制约因素

跨境移动电商中不同的贸易方式，存在的问题有一定的差异。按一般贸易方式进出口的大额交易，目前尚未完全实现贸易的无纸化，这在一定程度上影响了贸易的便利化及电子商务在贸易中的应用。从小额碎片化的贸易来看，除受到未完全实现的贸易无纸化的影响外，小额碎片化的贸易在产品、物流、通关等方面也存在一些行业性难题，这些成为制约跨境移动电商发展的重要因素。

1. 产品同质化严重

近年来跨境移动电商发展迅速，吸引了大量商家涌入，行业竞争加剧。一些热销且利润空间较大的产品（如 3C 产品及其附件等），众多跨境移动电商公司都在销售，使得产品同质化严重，行业内甚至出现恶劣的价格战。

2. 品牌化未建立

我国跨境移动电商的发展在很大程度上依赖制造大国的优势，以价格低廉的产品吸引客户。目前，跨境移动电商行业的很多产品都是从一些小工厂出货，包括一些 3C 产品、服装等，整个产品质量控制还存在一定的问题，大部分跨境移动电商企业还未到达品牌化建设阶段。

3. 物流时间长且浮动范围大

跨境移动电商由于涉及跨境，不同国家和地区间的政策差异较大，很难像内贸电商一样通过自建物流的方式来解决跨境移动电商的物流问题。跨境移动电商的物流周期非常长，到美国和欧洲国家或地区一般要 7～15 天，到南美国家或地区、巴西、俄罗斯通常要 25～35 天。除物流时间长之外，物流还存在投递时效不稳定的问题，收货时间的波动很大，有时 7 天能收到，有时 20 天才能收到。

4. 通关结汇难

随着跨境贸易逐渐向小批量、碎片化发展，除 B2C 企业外，小额贸易 B2B 企业同样面临通关的问题。小额 B2B 和 B2C 跨境贸易电子商务与一般出口贸易有差异，在出口过程中存在难以快速通关、规范结汇、享受退税等问题。虽然国家针对跨境移动电商零售出口提出可"清单核放、汇总申报"的通关模式，但该政策仅针对 B2C 企业，大量小额贸易 B2B 企业仍存在通关困难的问题。在进口过程中，部分企业存在以非法进口渠道逃避海关监管，以及进口商品品质难以鉴别、客户权益得不到保障等问题。

5. 跨境移动电商人才缺失

跨境移动电商贸易在快速发展的同时，逐渐暴露出综合型外贸人才缺口严重等问题。跨境移动电商人才缺失主要有两个原因：一是语种限制。目前，跨境移动电商人才主要来自外贸行业，但以英语专业居多，熟知一些小语种的跨境电商人才缺乏。事实上，巴西、印度、俄罗斯等国家的跨境移动电商具有很大的发展潜力，也是跨境移动电商企业关注的重点。二是能力要求高。除语种限制外，跨境移动电商人才还要了解境外的市场、交易方式、消费习惯等，并了解各大平台的交易规则和交易特征。基于这两个原因，符合要求的跨境移动电商人才很少，跨境移动电商人才缺乏已经成为业内常态。

3.2 跨境移动电商物流

跨境移动电商行业发展与竞争的一个核心要素是物流，物流对于跨境移动电商客户来说是非常重要的因素。国际贸易中常见的物流方式有邮政、商业快递、专线物流。

跨境移动
电商物流

3.2.1 邮政

国际上，邮政行业有一个组织叫"万国邮政联盟"（Universal Postal Union，UPU），简称"万国邮联"或"邮联"，是商定国际邮政事务的政府间国际组织，用于保障各国间的通信权利。邮政物流包括各国邮政局的邮政航空大包、小包，以及中国邮政速递物流分公司的 EMS、ePacket 等。

1. 中国邮政大、小包

（1）中国邮政大包

中国邮政大包，俗称"中邮大包"。中国邮政大包除航空大包外，还包括水陆运输、空运航空大包。本书所提及的中国邮政大包仅指空运航空大包。中国邮政大包可寄达全球 200 多个国家和地区，价格低廉，清关能力强，对时效性要求不高且稍重的货物可选择使用此方式发货。

中国邮政大包拥有中国邮政的大部分优点，如下所示。

- 成本低。中国邮政大包以首重 1 千克、续重 1 千克的计费方式结算，价格比 EMS 低，较商业快递有绝对的价格优势。
- 通达国家和地区多。中国邮政大包可通达全球大部分国家和地区，且清关能力强。
- 运单操作简单。中国邮政大包的运单简单、快捷、单一，操作方便。

中国邮政大包的缺点主要包括如下几个方面。

- 部分国家和地区限重 10 千克，最重也只能寄 30 千克。
- 妥投速度慢。
- 查询信息更新慢。

（2）中国邮政小包

中国邮政小包，俗称"中邮小包""空邮小包""航空小包"。其他以收寄地市局命名的小包（如"北京小包"），是指重量在 2 千克以内（阿富汗为 1 千克以内），外包装长、宽、高之和小于 90 厘米，且最长边小于 60 厘米，通过邮政空邮服务寄往国外的小邮包，可以称为国际小包。

国际小包可以分为中国邮政挂号小包和平邮小包两种。二者的主要区别在于，挂号小包提供的物流跟踪条码能实时跟踪邮包在大部分目的国家和地区的状态；平邮小包不受理查询，但能通过面单以电话方式查询到邮包的状态。

总体来看，中国邮政小包适用于性价比较高，而且对时效性和查询要求不高的物品。

中国邮政小包通关的注意事项如下。

- 中国邮政小包只是一种民用包裹，并不属于商业快递，海关对个人邮递物品的验放原则是"自用合理数量"，其原则是以亲友之间相互馈赠自用的正常需要量为限。因此，为了顺利通关，中国邮政小包并不适用于寄递数量太多的物品。
- 限值规定。海关规定，对寄自或寄往境外的个人物品，每次允许进出境的限值分别为人民币 800 元和 1000 元；对超出限值的部分，属于单一不可分割且确属个人正常需要的，可从宽验放。

2. EMS

EMS 是中国邮政速递物流与其他国家和地区的邮政合作开办的中国与其他国家和地区

之间寄递特快专递邮件的一项服务。由于 EMS 是中国跟其他国家和地区的邮政开办的，所以 EMS 在中国与其他国家和地区的邮政、海关、航空等部门均享有优先处理权。这是 EMS 区别于很多商业快递的地方。

（1）EMS 的参考时效

EMS 的投递时间通常为 3～8 个工作日，不包括清关时间。

由于各个国家和地区的邮政、海关处理的时间长短不一，有些国家和地区的包裹投递时间可能会长一些。

（2）EMS 信息查询

关于收寄、跟踪等信息请查询中国邮政速递物流官网。

（3）禁限寄物品

跨境移动电商出口禁限寄物品因卖家选择的物流方式不同而存在差异，具体以各物流官网公布的为准。禁限寄物品主要是指国际航空条款规定的不能邮寄或限制邮寄的货物，如粉末、液体、易燃易爆危险品等，以及烟酒、现金、有价证券、侵权产品等均不适宜寄递，具体包括以下内容。

- 国家法律法规禁止流通或者寄递的文件、物品。
- 爆炸性、易燃性、腐蚀性、放射性和毒性等危险物品。
- 反动报刊、书籍、宣传品或者淫秽物品。
- 各种货币。
- 妨害公共卫生的物品。
- 容易腐烂的物品。
- 活的动物（包装能确保寄递和工作人员安全的蜜蜂、蚕等除外）。
- 包装不妥，可能危害人身安全、污染或损毁其他寄递物品和设备的物品。
- 其他不适合邮递条件的物品。

所以，卖家在选品和发货时需要注意排查。

3. ePacket

ePacket 俗称"e 邮宝"，是中国邮政速递物流旗下的国际电子商务业务。ePacket 目前可以发往美国、澳大利亚、英国、加拿大、法国、俄罗斯等。

（1）信息查询

关于收寄、跟踪等信息请查询中国邮政速递物流官网。

（2）参考时效

中国邮政对 ePacket 业务是没有承诺时效的。

（3）注意事项

美国、澳大利亚和加拿大的 ePacket 业务提供全程时效跟踪查询，但不提供收件人签收证明；英国 ePacket 业务提供收寄、出口封发和进口接收信息，但不提供投递确认信息。需要注意的是，ePacket 业务不受理查单业务，不提供邮件丢失、延误赔偿。因此，ePacket 并不适合寄递一些价值比较高的物品。

4. 其他国家和地区邮政小包

邮政小包是使用较多的一种国际物流方式，它依托万国邮政联盟网点覆盖全球，在重量体积、禁限寄物品要求等方面均存在很多共同点。但不同国家和地区的邮政所提供的邮政小包服务或多或少存在一些区别，主要体现在不同优势区域会有不同的价格和时效，以及对于承运物品的限制不同。邮政小包的特点如下。

- 新加坡邮政小包，价格适中，服务质量高于邮政小包的一般水平，并且是目前常见的手机、平板电脑等含锂电池商品的运输渠道。
- 瑞士邮政小包，欧洲线路的时效较快，但价格较高。欧洲通关能力强，欧洲申根国家免报关。
- 瑞典邮政小包，欧洲线路的时效较快，俄罗斯通关及投递速度较快且价格较低。它是俄罗斯首选的物流方式，而且在某些时段安检对带电池的产品管制没有那么严格，可用于寄递带电池的产品。

其他国家和地区的邮政小包的具体情况请参考中国邮政速递物流官网。

3.2.2 商业快递

除了中国邮政外，还有一些常见的商业快递公司。国际商业快递知名的四大公司是 UPS、DHL、TNT 和 FedEx，此外常用的还有 Toll。

（1）UPS 介绍

UPS（United Parcel Service，美国联合包裹运送服务公司）是一家全球性的快递承运商与包裹递送公司。大部分 UPS 的货代公司提供的快递方式如下。

- UPS Worldwide Express Plus——全球特快加急，资费最高。
- UPS Worldwide Express——全球特快。
- UPS Worldwide Saver——全球速快，也就是所谓的红单。
- UPS Worldwide Expedited——全球快捷，也就是所谓的蓝单，速度最慢，资费最低。

UPS 的参考时效：UPS 国际快递的参考派送时间为 2~4 个工作日。

（2）DHL 介绍

DHL（Dalsey Hillblom and Lynn，敦豪速递公司）在全球快递行业中具有较高地位，可寄达 220 个国家及地区。

- 上网时效。参考时效从客户交货之后第二天开始计算，1~2 个工作日会有上网信息。
- 妥投时效。参考妥投时效为 3~7 个工作日（不包括清关时间，特殊情况除外）。

（3）TNT 介绍

TNT 总部设于荷兰，主要在欧洲、南美、亚太和中东地区拥有航空和公路运输网络。一般货物在发货次日即可实现网上追踪，全程时效为 3~5 天，TNT 经济型时效为 5~7 天。

（4）FedEx 介绍

FedEx 是 Federal Express 的缩写，即联邦快递。中国联邦快递分为联邦快递优先型服务和联邦快递经济型服务。

FedEx 的参考时效：联邦快递优先型服务派送正常时效为 2~5 个工作日，联邦快递经济型服务派送正常时效为 4~6 个工作日；时效为从快件上网起至收件人收到此快件止，另需根据目的地海关通关速度决定。

（5）Toll 介绍

Toll 环球快递是 Toll Global Express 公司旗下的一个快递业务，Toll 到澳大利亚以及泰国、越南等亚洲地区的价格较有优势。

3.2.3 专线物流

部分跨境移动电商平台除了和中国邮政、商业快递合作，还会搭建面向不同国家和地区的专线物流。这里介绍几种常用的专线物流。

1. Special Line-YW

Special Line-YW 即航空专线-燕文，俗称燕文专线，是北京燕文物流有限公司旗下的一项国际物流业务，目前已开通南美专线和俄罗斯专线。

燕文专线的参考时效：在正常情况下，16～35 天到达目的地；在特殊情况下，35～60 天到达目的地。特殊情况包括节假日、特殊天气、政策调整、偏远地区等。

2. Russian Air

中俄航空专线 Russian Air 是通过国内快速集货、航空干线直飞，在俄罗斯通过俄罗斯邮政或当地落地配进行快速配送的物流专线的合称。

Russian Air 的资费标准为 85 元/千克+8 元挂号费，体积重量限制参照中邮小包。

Russian Air 的参考时效：在正常情况下，15～25 天到达俄罗斯目的地；在特殊情况下，30 天到达俄罗斯目的地。

3. Aramex

Aramex 即中外运安迈世，也称为"中东专线"，是发往中东地区的国际快递的重要渠道。

Aramex 的参考时效：中东地区派送时效为 3～8 个工作日。

4. 芬兰邮政

速优宝-芬兰邮政是由速卖通和芬兰邮政针对 2 千克以下的小件物品推出的特快物流服务，分为挂号小包和经济型小包，运送范围为俄罗斯及白俄罗斯全境邮局可到达区域。

速优宝-芬兰邮政参考时效：正常情况 16～35 天到达目的地。

5. 中俄快递-SPSR

"中俄快递-SPSR"服务商 SPSR Express 是俄罗斯优秀的商业物流公司之一，中俄快递-SPSR 提供经北京、香港、上海等地出境的多条快递线路，运送范围为俄罗斯全境。

中俄快递-SPSR 的资费计算项目与中邮挂号小包一致，包括配送服务费和挂号服务费两部分。运费根据包裹重量按每 100 克计费，不满 100 克按 100 克计，每个单件包裹限重 15 千克，包裹尺寸限制在 60 厘米×60 厘米×60 厘米以内。

中俄快递-SPSR 的参考时效：中俄快递-SPSR 物流商承诺包裹入库后最短 14 天、最长 32 天内必达（不可抗力除外），因物流商在承诺时间内未妥投而引起的速卖通平台限时达纠纷赔款，由物流商承担。

中俄快递-SPSR 的寄送限制：重量不超过 15 千克，体积在 60 厘米×60 厘米×60 厘米以内（单边长度不大于 60 厘米）。

3.3　跨境移动电商营销策略

移动互联网的迅猛发展促进了经济全球化，跨境移动电商以此为契机应运而生。跨境移动电商带来商业的新一轮繁荣，但想要长久保持繁荣，必然需要科学的营销策略。

3.3.1　邮件营销策略

邮件营销作为与支付、清关、物流等并存的掣肘跨境移动电商发展的环节，也是业内关注的焦点。

1. 兰亭集势（LightInTheBox）——"价格战是主旋律"

外贸电商兰亭集势，主营产品覆盖服装、电子产品、玩具、饰品、家居用品、体育用品等多品类产品。从邮件内容来看，兰亭集势正在寻找一些市场前景较好的产品来拓展品类，如小配件等。邮件专享、价格战是其邮件营销的主打旋律，而邮件专属优惠是其吸引新客户和留住老客户的主要策略。从页面设计来看，兰亭集势配备了邮件基本需要的社交功能。

2. 大龙网（DinoDirect）——"多组合策略挽回客户"

大龙网在客户注册订阅邮件的初始，为客户提供新客户优惠及购物流程指导，作为欢迎新客户的入门礼，这在跨境移动电商邮件营销中得到了普遍且很好的应用。跨境 B2C 电商一般在客户成功订阅邮件后，会发送确认订阅邮件、欢迎邮件等类型的邮件。从客户体验的角度看，它给新加入的客户提供了网站购物操作指南及向导。在确认邮件中，大龙网巧妙地加入了热门产品等促销元素，以引导客户转化。

3.3.2　数字营销策略

作为一家跨境眼镜电商，唯视良品刚成立的时候，3 位创始人分别在 3 个地方的卧室办公。现在，唯视良品发展到业务范围已经覆盖全球 30 多个国家和地区，网站发布了 15 种语言的版本。资料显示，我国跨境移动电商的年均复合增长率均在 40%左右，而让人吃惊的是，唯视良品过去 4 年的复合增长率达到了 80%。

唯视良品联合创始人庄栩栩在接受《广告主》杂志采访时表示，唯视良品能取得如此成绩，与一些主要技术合作伙伴是密不可分的，其中 Google 处于第一位。"我们跟 Google 有非常多的推广营销及其他技术方面的合作。"据悉，早在 2007 年公司创立之初，唯视良品便利用不同的营销工具在全球范围提供产品销售和提升品牌知名度。从 2007 年 4 月起，唯视良品就开始使用 Google AdWords 进行产品营销。目前，唯视良品使用 Google AdWords 进行营销已经连续 4 年获得 350%的投资回报率。

作为跨境移动电商，物流和供应链一直都是难题。"我们采用全球化采购和本地化采购相结合的方式。这么做的目的是尽可能地为用户带来更丰富的产品。"庄栩栩表示。目前，唯视良品在网站上提供 200 多个眼镜品牌，部分品牌是通过本地化采购的方式获得的，而如果在本地采购不到或者价格太高，唯视良品会通过全球化采购的方式来解决这个问题。

为了方便全球化采购和配送，唯视良品自建了 3 个仓储中心。依靠这 3 个仓储中心，唯视良品解决了全球化采购、配货的问题。

从全球来讲，眼镜行业与服饰、数码等零售行业相比，在网络上完成购买的比例相对而言还是非常低的。数据统计显示，衣服、鞋类目前已经有超过 20%的销售量是在网上达成的，而眼镜的销售量则低于 5%，且国内的数据更低。

3.3.3 社交媒体营销策略

兰亭集势借助社交媒体来达到一种有效的营销方式，主要运营 Facebook 主页的内容。此外，兰亭集势还会时不时发些正能量帖子、风景照帖子、话题互动性帖子等，让粉丝感觉是在跟一个真实的人互动，而不是一家商业化的企业。

除了发帖内容，兰亭集势在运营 Facebook 主页的过程中，还常常需要处理客户的投诉性留言。对于跨境移动电商企业来说，这几乎是不可避免的，即使产品没有问题，冗长的跨境物流带来的延误、破损也会招来客户的投诉。首先，面对客户的投诉性留言，企业一定要回复，以表示对客户的重视。其次，回复内容要具体，切不可千篇一律地说"Please send us a message, our CS will solve that（请发送我们信息，我们的客服会帮您解决的）"。最后，企业要尽可能地引导客户发"Private Message（私信）"，毕竟，当着众多粉丝的面处理纠纷肯定有损品牌形象。在这方面，兰亭集势做得非常专业。

如今，在关系导向型的营销时代，社交媒体凭借天然的"强互动"属性，将企业和客户紧密结合在一起，帮助企业以很低的成本（甚至零成本）达到品牌传播的目的。跨境移动电商企业应该对社交媒体给予足够的重视，通过精细化运作，让社交媒体营销策略成为非常有效的跨境移动电商营销策略。

3.4 常见的跨境移动电商平台

跨境移动电商主流平台有哪些？常见的跨境移动电商平台包括全球速卖通、Wish 跨境移动电商、Amazon 跨境移动电商等。

常见的跨境移动
电商平台

3.4.1 全球速卖通

全球速卖通于 2010 年 4 月正式上线，是阿里巴巴集团旗下唯一面向全球市场的在线交易平台，被广大商家称为"国际版淘宝"。全球速卖通面向境外客户，通过支付宝国际账户进行担保交易，并使用国际快递发货。

全球速卖通卖家 App 是阿里巴巴为全球速卖通的卖家们量身打造的一款实用的手机应用，能够让卖家方便、快捷、有效地管理自己的店铺。图 3-2 所示为全球速卖通首页。

全球速卖通致力于服务全球中小创业者，能够快速连接全球超过 200 个国家和地区的客户，为全球客户带去一种崭新的生活方式。

全球速卖通的热门活动有以下几种。

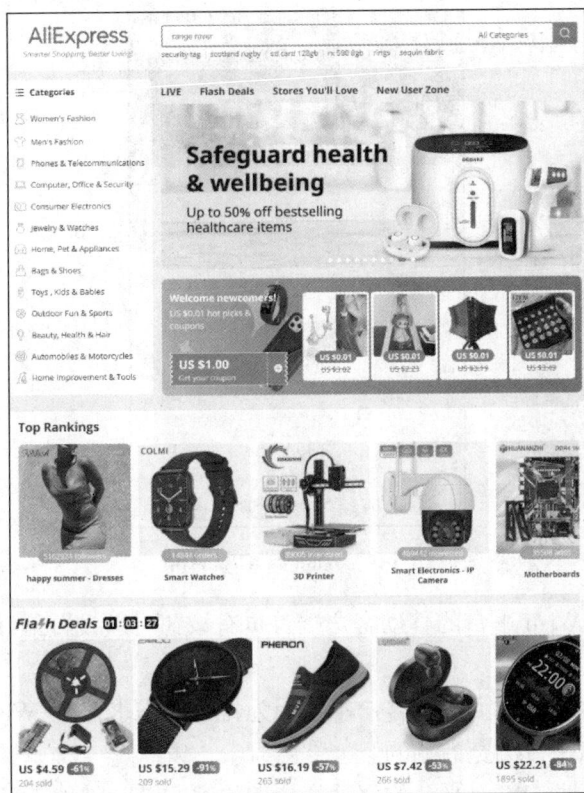

图 3-2　全球速卖通首页

1. SuperDeals

SuperDeals 是打造"爆款"的利器，包括 Daily Deals（每日交易）、Weekend Deals（周末交易）、Featured Deals（特色交易）。SuperDeals 每周五开始招商，每周四审品，一周 7 天展示，每天更换。

2. 团购和 Today Deals（今日交易）

这种活动类似"秒杀"活动，利润低，薄利多销，以抢曝光和信誉为主。俄罗斯团购要求严禁提价销售，团购商品要求一口价。如果商品折扣大、库存多，则会被优先考虑。

3. 不定期平台活动

全球速卖通的不定期平台活动包括平台特定主题频道活动和平台大促，如情人节大促活动等，对价格折扣、店铺等级、90 天好评率等都有一定的要求。

3.4.2　Wish 跨境移动电商

Wish 是一款移动端购物 App。Wish 使用优化算法以大规模获取数据，有助于商家快速了解如何为每个客户提供相关商品，让客户在移动端便捷购物的同时享受购物的乐趣。Wish 移动端 App 如图 3-3 所示。

Wish 平台的移动客户端和其他跨境移动电商平台的移动客户端相比，具有自身的独特之处。

图 3-3　Wish 移动端 App

（1）个性化定制。Wish 平台的移动客户端首页有按钮可以设置偏好，平台可以根据个人设置提供个性化展示。

（2）客户需求的碎片化。大部分客户不是因为特定的需求才到 Wish 平台寻找商品的，而是被兴趣引导才到该平台浏览商品的。

（3）时间的不确定性。Wish 平台的移动客户端的客户随时随地都可能打开手机浏览感兴趣的商品信息。

（4）客户端屏幕界面。Wish 平台的移动客户端屏幕界面适合放置简洁、清晰的商品图片，文字排版应适应手机屏幕阅读，不适合放太复杂的商品介绍。

（5）冲动的购买决策。Wish 平台的移动客户端因为浏览时间和地点的限制，不方便客户比价和长时间考虑，所以整个购买决策的过程相对短促。

Wish 平台的商品推送原理是根据客户的注册信息和网络浏览行为进行分析，有针对性地主动推送客户可能感兴趣的商品。Wish 平台因其独特的商品推送原理，卖家在销售运营时也和其他平台有所区别。

（1）商品推送原理。Wish 平台淡化店铺的概念，更加注重商品本身的区别和客户体验的品质。在商品相同的情况下，以往服务记录良好的卖家会得到更多的商品推送机会。

Wish 平台推送权重最大的要素是标签。根据客户的注册信息，加上客户后期的浏览、购买行为，系统会自动为客户打上标签，并且不间断地记录和更新客户标签。根据多维度的标签，系统能推算客户可能感兴趣的商品。这些信息记录、更新、计算的过程都是由系统自动完成的。

（2）类目和商品策略。Wish 平台排列前 4 位的类目分别是 Fashion（时尚）、Accessories（配饰）、Home Decor（家居装饰）、Make up & Beauty（化妆与美容）。比较受客户青睐的类目的特点是商品种类丰富、更换频率高、容易产生话题。

卖家在选择具体的商品时，需要选择差异化的商品，因为 Wish 平台的后台数据算法会判断同一页面和同一个卖家，重复或相似度高的商品就会被判定为同款，导致系统只推荐其中一个商品，其他同质商品就不再被推荐了。卖家在 Wish 平台上发布同质化的商品几乎不会带来任何流量和曝光。

（3）平台的流量特点。Wish 平台 98%的客户来自移动端，以欧美地区客户为主，其中北美占 50%，欧洲占 45%。Wish 平台的大部分流量是从 SNS 网站引流而来的，所以客户的互动性高，浏览习惯以兴趣为导向。

3.4.3　Amazon 跨境移动电商

Amazon 的中文名称为亚马逊，是美国的一家电子商务公司。Amazon 成立于 1995 年，最初是自营在线书籍销售业务，现在已发展成为全类目、平台化的电子商务网站。目前，Amazon 平台所销售的商品一部分为自营商品，另一部分由第三方卖家提供。图 3-4 所示为移动端 Amazon 平台首页。

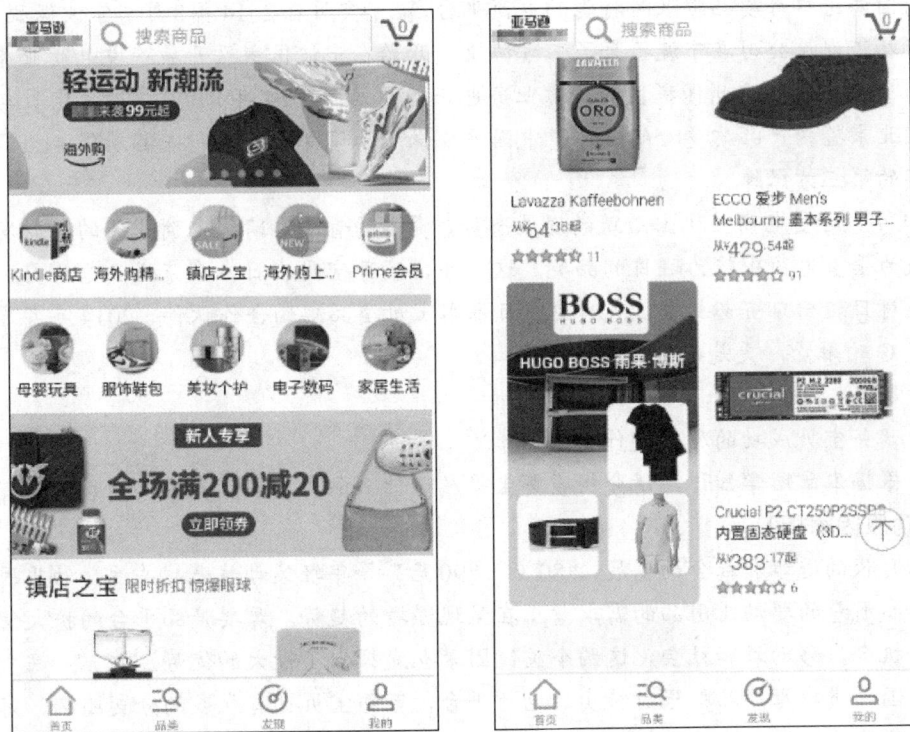

图 3-4　移动端 Amazon 平台首页

相比于其他的跨境移动电商平台，Amazon 平台有以下三大特点。

1. 强调商品，弱化店铺

Amazon 平台的运营定位是纳入第三方卖家商品，使平台的商品库更丰富，同时必须确保 Amazon 平台统一的品牌形象。所以，平台没有给卖家店铺过多自定义的选项，卖家上传的商品也必须符合 Amazon 平台统一的形象要求。

2. 高门槛，严要求

Amazon 平台对申请入驻的卖家企业的资质会严格审查，经过筛选的卖家才可以入驻。Amazon 平台对卖家的运营和销售过程也有严格要求，所有卖家必须遵守 Amazon 平台对客户的服务承诺，一旦卖家无法做到就会被严厉惩罚，甚至被永久封号。

3. 去个性化

Amazon 平台不希望卖家上传的商品有太鲜明的特点，而更看重价格、配送，引导卖家把精力放在提高售后服务的能力上。

案例分析

蜜芽宝贝

蜜芽宝贝是中国进口母婴品牌限时特卖商城，是垂直跨境移动电商的典型代表。其总部位于北京，团队核心成员来自百度、京东商城、苏宁红孩子、当当网等成熟的互联网公司。其销售渠道包括官方网站、无线应用协议页和手机客户端，在母婴电商中率先步入"跨境购"领域。

作为国内进口母婴品牌限时特卖的电商平台，蜜芽宝贝在 2014 年 8 月与宁波保税区海关、宁波国际物流发展公司在宁波签署了三方协议，开始在宁波保税区开展跨境电商业务。2014 年 9 月，蜜芽宝贝在广州保税区的跨境业务也正式开始。2014 年 10 月，蜜芽宝贝与中国平安保险在北京签约产品质量险的合作，中国平安保险为蜜芽宝贝进行正品承保，为妈妈们提供了坚实的第三方保障。

2014 年，母婴电商呈现出活跃的发展态势，资本的青睐和跨境电商业务的蓬勃发展让母婴品类成为垂直电商中较为醒目的品类。这一年，蜜芽宝贝在日本东京成立分公司，以便更好地拓展对日进出口贸易业务，成为更多日本本土母婴品牌的合作伙伴。2014 年年底，蜜芽宝贝完成 C 轮融资，更是备受行业的关注。

思考题：

（1）蜜芽宝贝成功的原因是什么？

（2）根据本章所学知识，请分析蜜芽宝贝属于什么电商类型，其主要销售渠道有哪些。

【成功原因解析】

随着时代的进步和社会的发展，"80 后""90 后"等年轻父母越来越关注婴幼儿用品的质量问题。高质量的婴幼儿用品的需求量正在呈现递增的趋势。母婴产品平台的扩大使得垂直发展更有机会，移动端和社会化这两个关键因素也发挥出了较大的优势。

作为国内进口母婴品牌限时特卖的电商平台，蜜芽宝贝拥有众多的分支团队、完善的采购渠道、独特的物流仓储、低廉的价格优势、高质量的产品和服务，以及黏性较高的客户群，这些优势在蜜芽宝贝的发展中得到了充分的体现。

练习与思考

一、选择题

1. 按（　　），跨境移动电商可以分为出口跨境移动电商和进口跨境移动电商。

    A. 商品流向分　　　B. 交易对象分　　　C. 销售经营模式分

2. 按（　　），跨境移动电商可以分为 B2B 型、B2C 型。

    A. 业务专业性分　　　B. 交易对象分　　　C. 经营范围分

3．（   ）作为与支付、清关、物流等并存的掣肘跨境移动电商发展的环节，也是业内关注的焦点。

　　A．社交媒体营销策略　　　　　　　　　B．数字营销策略

　　C．邮件营销

4．（   ）是阿里巴巴旗下唯一面向全球市场的在线交易平台，被广大商家称为"国际版淘宝"。

　　A．全球速卖通　　　B．Amazon　　　　　C．Wish

5．（   ）的跨境移动电商是指分属不同关境的交易主体，通过移动电子商务的手段将传统进出口贸易中的展示、洽谈和成交环节电子化，并通过跨境物流送达商品，完成交易的一种国际商业活动。

　　A．狭义的　　　　　　B．标准的　　　　　C．广义的

二、判断题

1．我国跨境移动电商以 B2B 型业务为主，目前 B2C 型跨境模式逐渐兴起且有扩大的趋势。（　　）

2．按经营模式划分，跨境移动电商可以分为 B2B 型、B2C 型。（　　）

3．综合型跨境移动电商的业务呈现多元化，其客户流量及商家商品数量巨大。（　　）

4．跨境移动电商兼具一般电子商务和传统国际贸易的双重特性。（　　）

5．国际商业快递知名的四大公司是 UPS、DHL、TNT 和 FedEx，此外常用的还有 Toll。（　　）

三、复习思考题

1．什么是跨境移动电商？我国跨境移动电商行业有哪些特征？

2．跨境移动电商可以如何分类？

3．跨境移动电商出口的流程是怎样的？

4．跨境移动电商的制约因素有哪些？

任务实训

实训目标

全球速卖通平台能够让卖家直接面对全球终端客户，形成了多赢的局面，因而业务呈现爆发式增长。完成任务实训，掌握全球速卖通的营销活动。

实训要求

（1）通过全球速卖通平台学习限时限量折扣营销、全店铺打折促销、店铺满减促销、设置店铺优惠券等营销方式。

（2）参与全球速卖通热门活动，包括 SuperDeals、团购活动、Today Deals、不定期平台活动等。

（3）参加平台大促活动，包括"秒杀"活动、全场五折活动、分会场活动、主题馆活动、优质店铺推广活动等。

第4章　移动电商团队管理

【学习目标】

◎　了解移动电商团队组建的重要性。

◎　了解移动电商团队组建的基本要求。

◎　掌握科学、合理的移动电商团队管理方法。

◎　了解移动电商团队的组织原则。

◎　掌握移动电商客服激励机制。

如今的时代讲求资源整合与合作共赢，单打独斗已经越来越不合时宜。对于移动电商来说更是如此，我们仅凭一个人的力量很难在竞争日趋激烈的移动电商市场中生存。所以，移动电商需要打造属于自己的团队，凭借团队的优势在市场中抢占先机。

4.1　移动电商团队的重要性

没有成功的个人，只有成功的团队。一个人的力量是有限的，能力再强的人也离不开他背后的集体力量。在创业中，团队的作用更加明显。创业界有一句箴言：宁要二流的团队，不要一流的人才。阿里巴巴之所以能够在如今飞速发展的时代下取得巨大的成功，正是因为它有一个优秀的团队。移动电商组建团队也尤其重要。移动电商是一个处在"互联网+"时代下飞速发展的产业，市场环境瞬息万变，只有集思广益、广揽人才，组建一个优秀的团队，才可能取得更大的成功。

那么，相较于个体经营者来说，移动电商组建团队的优势体现在什么地方呢？

1. 完整的组织架构

完整的组织架构使得管理层的工作更加有效，能够站在宏观的角度把团队的各个环节连接在一起。只有做到这一点，移动电商团队在面对挑战时才能做到有效配合，共同解决问题。同时，如果组织架构完整、人员配备充足，团队也可以根据成员的特点和能力来分配工作岗位，从而实现团队人力、物力、财力等资源的最大化利用。

2. 强大的应对挑战能力

在面对企业和品牌商带来的压力时，个体经营者往往由于独木难支而面临被淘汰的危险。

而移动电商团队可以依靠分工合作与合力优势，把压力转化为动力，从而采取灵活多变的措施，做出有效应对。

3. 强大的思维能力与创新能力

一人计短，二人计长。团队成员在不断交流学习中，所产生的思维能力与创新能力是个人无法相比的。这种强大的能力可以帮助团队在移动电商市场中迅速站稳脚跟，抢占目标市场，从而给团队带来巨大的利润和效益。

4.2　移动电商团队的基本要求

一个移动电商团队需要具备很多素质，主要包括 4 个方面——共同的创业理念、团队成员的互补、合理的分配制度和团队成员之间良好的沟通。另外，成员要运营好、管理好团队也不能仅仅依靠上述 4 个方面，还有更多内容需要学习。

移动电商团队的
基本要求

4.2.1　共同的创业理念

一个企业的创业理念不仅决定了整个团队本身的性质，同样也关乎创业的目标和共同的行为准则。从某种意义上说，创业理念是比一份商业计划书更加重要的东西，而现在许多创业企业虽然拥有众多人才，但最后却以失败告终，其原因就是团队缺乏共同的创业理念。我们为什么而工作？努力工作的意义是什么？企业的目标是什么？一个没有共同创业理念的团队，它的内部充满了迷茫和不信任，团队成员之间没有一个共同的目标，就无法调动每个成员的工作积极性，这个团队永远也不可能取得实质性的成功。移动电商团队是一个综合的集结体，它涉及技术、销售、管理等方面，因此对人才的要求更高，人员组成也更加复杂。在这种情况下，整个团队的成员只有建立起共同的创业理念才能消除各方面的矛盾，共同前进、取得成功。

4.2.2　团队成员的互补

一个团队，其成员在性格、思维方式、专业技能、创业角色等方面应该是不一样的，这就需要考虑到一个团队的整体性，哪些人在哪些方面可以互补，从而使得团队更加和谐向上。团队成员可能是某一方面的专家，但不可能样样技能都娴熟，所以就需要其他的团队成员或外部资源来弥补。优秀的团队需要有具备超高领导艺术的人，他充当"凝聚者"的角色，制定企业的战略和未来的发展方向，在团队出现困难时可以很好地把团队成员凝聚在一起，从而渡过难关。优秀的团队还需要有在销售、开拓市场方面能力强的人，需要有具有创新精神的人、研发能力强的人……只有互补的团队才能发挥出巨大的团队力量。

4.2.3　合理的分配制度

一个团队必须有公平、公开、透明的分配制度。公平合理的分配制度能有效避免团队成员出现分歧。我们不能因为某个人拥有特权就可以得到更好的待遇或福利，如果一个团队的内部出现此类"不公平"的问题，一定要找出源头并解决问题。如果一个团队内部充斥着特权、不公、不透明的思想，那么这个团队是无法长久发展的。

4.2.4　团队成员之间良好的沟通

一个创业团队的形成，很可能是由于成员间有共同的兴趣、相近的血缘、相同的母校……所以，创业初期，许多成员都能够齐心协力地去解决问题。随着企业的发展，许多矛盾和问题的出现可能会使团队出现分歧，成员意见不统一。优秀的团队不会逃避这些问题，而是会想办法解决它。团队可以组织更多的集体活动，增进成员之间的感情，营造一种轻松的、适合沟通交流的氛围，加深成员之间的了解。只有具有良好的沟通交流氛围的团队，才能更好地为企业的发展贡献力量。

4.3　移动电商团队的管理方法

移动电商团队的管理者对于团队的当前工作和未来发展都具有重要影响，他需要做好团队决策、团队整体规划等工作。一般来说，移动电商团队的管理方法包括以下 6 点。

移动电商团队的
管理方法

4.3.1　整体规划

怎样才能建立一个基础团队？答案有很多，其中之一就是成员之间应该有共同的信念，这一信念应与企业的目标一致。每个团队都是一个客观存在物，都有它的个性，这也正是团队存在的价值和意义。通常意义上，一个团队应该具有以下 3 个方面的特点。

第一，在团队与团队成员的关系上，团队成员要对团队有强烈的归属感。

第二，团队成员之间团结互助，既竞争又合作，一起为实现团队的目标而奋斗。

第三，在团队公共事务上，团队成员应积极参与、积极筹划，为团队的发展尽心尽力。

要想建立一个优秀的基础团队，首先要做好团队的角色定位，这是成功创建一个团队的战略基础。任何一个企业或部门要想创造价值、实现目标，就必须对每个成员进行准确定位。例如，某个部门业绩不佳，往往就是因为员工对自身在该部门中的定位不准确，以至于不能发挥出作用，甚至拖部门的后腿。

> 📖 **小提示**
>
> "金无足赤，人无完人"，一个人不可能胜任所有角色，因而准确的角色定位对员工来说十分重要，可以使他们明确自己在团队中的位置，从而发挥出最大的作用，最终提高团队的整体实力。

选人用人是团队建设中重要又困难的事情，挑选团队成员时要考虑的因素很多，如团队成员的个人技能是否达到了岗位的要求，团队成员的性格是不是适合团队内部的工作环境等。只有把这些因素综合考虑周全，一个活力勃发、积极向上的团队才能形成。具体来说，建立一个团队至少需要有 3 种类型的成员：一是有技术专长的成员，这一类型的成员能在团队遇到技术难题时挺身而出，化解难题；二是有领导力和决策力的成员，这一类型的成员善于发现问题，并能高效地做出解决问题的决策；三是能活跃团队气氛、调解人际关系的成员，这一类型的成员善于倾听团队内部成员的各种诉求，并能维护团队的正常运转。

尊重与信任是对团队成员最好的肯定，无论是团队成员之间，还是团队成员与团队领导之间，相互尊重和信任都有助于维护团队的稳定，促进团队的发展。团队领导更要在日常工作中为团队成员做出表率。另外，建立一个公平合理的激励机制，是建设好团队的必要条件。能者多劳、多劳多得，团队领导要力求让所有团队成员都能获得与自己所做的贡献相等同的回报。

4.3.2　制度构建

移动电商团队同样需要有一个明确的制度规范，这样才能维护团队的整体利益和形象。因此，团队领导一定要通过制定规章制度来规范团队成员的行为，同时设置奖惩制度。移动电商团队制度的构建过程如下。

1. 制定团队总纲

团队内部可以制定一个明确的团队总纲，将团队每一位成员的责任和义务都以文字的形式规范好，让他们有"法"可依。

2. 明确权利和义务

团队成员需要做什么、不能做什么、如何做等问题同样需要进行明确规定。倘若有人真的发现了违规事件，要及时向公司反映，及时制止违规行为。但是，反映时一定要提供足够的证据。例如，全国的代理都有向公司稽查部门投诉的权利，但是为了防止出现恶意举报、肆意报复等行为，投诉一方需要提供足够的证据。只要证据充足，稽查部门就可以尽快着手处理，这样可以有效地防止恶意举报。

另外，团队领导需要给成员灌输共同维护团队形象、不违规的意识，如果有代理出现诋毁公司的行为，团队领导就可以取消他的代理权，并通知全国的代理商。这样做不仅可以及时地清除团队中的"害群之马"，还能树立权威的形象，对整个团队起到"震慑"的作用，让其他成员都意识到遵守规章制度的重要性。

3. 确定激励方法

（1）榜样激励

团队领导可以选出业绩突出、作风正派的团队成员作为团队中的榜样，并通过对榜样的肯定和表扬，激发其他团队成员的工作积极性和主动性。

（2）语言激励

适当的语言激励是鼓励和促进团队成员进步和发展的重要因素。团队领导在进行语言激励时要抓住时机，针对不同的团队成员采用不同的语言和内容进行激励，从而起到鼓励先进、鞭策后进的作用。

（3）奖惩激励

有效的奖惩激励措施可以调动团队成员的积极性和主动性，而奖励和惩罚的强烈对比则可以激发团队成员的潜在发展动力。

团队领导要把物质奖励和精神奖励结合起来，使两者相辅相成；而惩罚则要做到公平、合理，在惩罚的同时还要注重教育，使犯错方真正意识到错误并将其转化为一种激励。

4.3.3 岗位设置

组建移动电商团队是为了让团队成员更好地发挥作用，因此，我们必须对团队的组织架构和职能了然于胸，这样才能实现团队内部资源利用最大化，实现团队利益最大化。

移动电商团队的组织架构和职能如下。

移动电商团队主要由前线作战部队、运营保障部队和后勤支持部队构成。其中，前线作战部队包括美工设计专员、推广专员和运营总监；运营保障部队包括IT系统人员、网站运营专员和客服专员；后勤支持部队则包括客服专员、物流人员、财务专员和人事行政专员。

1. 美工设计专员

美工设计专员是客户的视觉引导者，主要负责对团队推送的消息、图片等进行美化处理，并与策划人员和推广专员合作制作视频、图片集等。

2. 推广专员

推广专员即编辑人员，主要负责消息的推送。推送的消息不仅要包括商品信息的介绍，而且要保证内容具有趣味性和可读性。

3. 运营总监

运营总监是移动电商团队的"掌门人"，是商品运营专员的"领头人"。

4. IT系统人员

IT系统人员又称渠道专员，主要负责促进团队业绩增长。他们通过开拓不同的渠道，并在这些渠道中为团队账号引流来增加团队的粉丝。其具体职能包括整合各种网络平台，如微博、QQ、论坛等。

5. 网站运营专员

网站运营专员主要负责制定团队的运营策略。他们关注和分析其他优秀团队的成功案例，并与团队成员及时交流沟通，获取好的意见建议，以便及时调整团队的运营策略。

6. 客服专员

客服专员主要负责与客户互动，负责聆听客户心声、解答客户疑问、接受客户建议等方面的工作。在必要情况下，客服专员也负责对客户问题进行分类处理，以便能够及时满足客户需求。

7. 物流人员

订单专员和配拣货专员均属于物流人员，他们主要负责订单的处理及货物的发送。物流人员需要定时汇总全部订单，及时处理订单、打包发货，避免客户遭受不必要的损失。

8. 财务专员

财务专员主要负责登记收入与支出、计算盈利数额等工作。

9. 人事行政专员

人事行政专员主要负责团队的日常事务及人员的聘用工作。

通过以上介绍，我们清楚地了解了移动电商团队的组织架构和职能。只有对团队有了全面的了解后，团队领导者才能更好地分配任务、协调工作，从而实现人力、物力、财力等资源利用的最优化。团队成员也是如此，每位成员只有清楚自己的职能及负责的主要工作，才会以极高的热情和责任心投入工作，从而为整个团队尽自己应尽的职责。因此，无论是团队领导者还是团队成员，都需要清楚地了解团队的组织架构和职能。

4.3.4 绩效考核

移动电商团队的绩效考核标准应该由运营总监来制定，因为运营总监每天和移动电商团队成员接触，最清楚考核的细节。团队领导者只需要和移动电商团队的运营总监探讨宏观的品牌规划，其他的事情可以全权委托给运营总监去做。

团队领导者对运营总监的绩效考核则主要看他的月销售率是否达标。这个指标能准确地反映出运营总监有没有落实企业给移动电商团队制订的各项计划。然而，许多团队领导者常常是绕过运营总监直接给团队制定考核标准，因为团队领导者很少参与团队的运营工作，所以制定的标准难免不够合理，以致不能落到实处，成为一纸空文。

因此，一项考核标准的制定，既需要上级的指示，也需要听取基层员工的意见。在一项标准制定完成后，还需要召开一个员工会议，为他们讲解每个考核点设定的原因，以及怎样执行、达标或不达标的奖惩制度等。

4.3.5 培训设置

移动电商作为新兴行业，已经呈现出爆炸式发展的特点。为了跟上这种发展节奏，不被市场淘汰，移动电商团队必须保证每一位成员获得进步，因而需要定期开展内部培训活动。常见的移动电商团队内部培训活动如下。

1. 实时分享实例素材

移动电商的素材包括软文、图片、视频、实例等，这些实时更新的素材能够随时保持客户的新鲜感与体验感。例如，发布的软文需要有与产品相关的新闻或素材，具有可读性强、容易吸引客户关注的特点，这样才能更好地起到宣传产品的效果。

2. 发展忠诚粉丝

忠诚粉丝贡献的销售额在移动电商的总销售额中占据很大的比重，一个忠诚粉丝不但会进行二次或多次购买，还会通过各种渠道（微信朋友圈、微博、口头相传等）免费为产品进行宣传，扩大品牌的影响力。正是因为忠诚粉丝具有如此大的作用，所以发展忠诚粉丝、维护粉丝关系的相关方法和措施，已经成为移动电商团队内部培训的重点。

3. 分享营销手段与技巧

有效的营销手段与技巧能够帮助移动电商团队快速开拓目标市场，建立稳定的营销渠道。移动电商团队应多组织有关营销手段与技巧的交流活动，让成员间进行实时分享和互动交流，以便找到创新性的实践方法。

4.3.6 管理扁平化

扁平化的管理机制非常适合快速变化的移动电商行业。这种机制强调简化了臃肿的管理层级，削减了多余人员，能够帮助移动电商团队缩短信息传递的时间，便于其在面对突发问题时迅速做出反应，进行策略调整。除此之外，扁平化机制能够促进统一化管理，这对提高团队的执行力具有很重要的作用。

1. 削减多余人员

移动电商团队实行扁平化管理的第一步就是削减多余人员。这是因为当团队太过臃肿时，不仅需要庞大的成本进行日常维护和管理，还会降低团队的工作效率。而人员的精简则会加大管理者对团队的掌控力，提高团队的总体执行力。

2. 精简管理过程

传统的管理模式是以集权管理为代表的金字塔结构，具有决定权的管理层和员工之间隔着很多层级。员工的建议和申报需要通过烦琐的管理层级审核、检验程序，历经很多环节才能到达最高领导者手中；最高领导者下发的命令也需要经过很多中间层级才能下达给员工。这种臃肿的管理层级在面对多变的市场时很难做到快速反应，已经显得不合时宜。

在这种情况下，精简管理过程就显得很有必要，这要求管理者重新梳理岗位职责，确定团队的工作范围，从而减少行政管理层级。精简管理层级不仅可以帮助团队缩短信息传递的时间，而且在面对多变的市场和突发情况时，能够使团队迅速做出反应，快速制定出相应的对策。

3. 确立扁平化的结构机制

扁平化的结构机制具有管理层级少、渠道宽、环节简单等特点，这些特点决定了客户和移动电商的信息交流和传递较为高效，从而使移动电商团队能对目标市场的变化迅速做出反应，随时调整自己的经营策略。

4. 渠道直营化策略

（1）去除中间环节，直接面向客户

移动电商渠道直营化是商家直接面向终端客户的运营模式，即直销模式。其优势在于商家和客户可以实现直接对话，取消了代理商和中介，降低了产品的流通环节成本和售卖价格。另外，直营化的销售渠道使移动电商将原本应该给代理商的利润控制在自己手中，从而在利润控制和渠道环节上获得了极大的自主权。

（2）以人为本的理念

移动电商的营销策略实质上是一种基于关系链的网络营销，它的客户群体有很大一部分是由移动电商的粉丝组成的，这是"以人为本"理念的最好体现。

5. 新时代的虚拟扁平化

虚拟扁平化是在传统金字塔结构模式的基础上发展起来的，它有效运用了现代信息处理手段，实现了信息的传递和共享，可以使管理者的决策快速、准确地传达给每一位员工，从而真正实现扁平化管理。

4.4 移动电商团队的组织原则

移动电商团队在对团队成员进行合理化分工之后，还需要为团队确立

移动电商团队的
组织原则

统一的组织原则，以此来提升团队成员的凝聚力和对团队的认同感，并保证整个移动电商团队的顺利发展。

4.4.1　目标制定

设定目标并努力达成的奋斗过程，对于移动电商团队成员而言具有非常大的激励作用，可以使团队获得更为充足的发展动力。一个积极向上的团队应设立阶段性目标，并带领成员努力朝着目标奋斗，从而达到不断激发团队潜能的目的。

1. 设立目标

完成一个目标的前提是设立一个目标，目标应该建立在稍高于团队标准能力的基础上。

2. 分析困难

根据团队当前的工作效率和实力，详细分析达成目标所要面临的困难，然后把将要面临的困难和阻碍具体地列举出来，并根据难易程度设定完成目标的先后顺序。

3. 整合资源

整合资源即整合团队目前拥有的人力资源和物力资源。资源的整合将有助于团队成员认清现实与目标之间的差距，从而获得全新的发展动力。

4. 分配任务

团队应该根据每位成员的能力和职位分配相应的任务，任务的困难程度要设定在成员的能力范围内。这种科学合理的任务分配方法可以达到激励成员、激发成员潜力的目的。

5. 不断更新计划

团队应该制定达成目标任务的一览表，通过阶段目标的完成，不断更新一览表上的内容。这种明确、清晰、层次分明的目标完成情况，能够成为成员每天不断向上的动力。

需要注意的是，目标的制定要从团队实际出发，制定出团队成员通过一定努力能够完成的任务。如果目标设置得过高或过低，就无法对团队成员起到理想的激励效果。

4.4.2　标准维持

移动电商团队在完成目标的基础上应当把握3个标准——销售标准、服务标准及价格标准。

1. 销售标准

销售标准主要表现在销售方法上。销售方法的目标制定以吸引客户，不引起客户厌恶、失去客户信任为标准，所以应禁止在朋友圈疯狂推送消息、给客户推送恶意信息等不良行为。采取的销售方法应注意适时性和合理性，避免客户产生反感的情绪，从而造成客户资源丢失。

2. 服务标准

服务标准是衡量移动电商价值大小的重要工具。优秀的移动电商必须具备良好的服务态度，这样才能获取客户的好感，引发购买行为。具体来说，服务标准可以分为以下两个方面。

（1）售前服务标准

优秀的售前服务可以提供给客户良好的服务体验，而体验感的好坏往往是决定客户是否购买产品的重要因素。

（2）售后服务标准

良好的售后服务可以增加忠诚客户的转化率，提高客户的二次购买率。

3. 价格标准

代理商往往为了完成自己的销售目标而打价格战，对产品进行压价，这样只会扰乱市场，给整个移动电商团队造成难以挽回的损失。为了避免这种情况的出现，产品的价格应该保持和其他代理商一致，这样代理商就可以根据现有的资源，采取既定的促销、优惠活动来提高产品的销售量，以此来完成规定的销售目标。

4.4.3　效率优先

效率优先原则是移动电商团队经营的重要准则。在移动电商团队的运营过程中，工作效率与团队创造出的业绩直接挂钩，是保障移动电商团队按时并出色完成任务的重要条件。提高工作效率就等于提高团队的整体收益，而效率的提高离不开团队领导者和团队成员的共同努力。

移动电商团队管理层应该结合行业状况、销售状况和团队成员的能力等因素，采取科学的方法，合理分配资源和具体的销售任务量，把大目标分解为阶段性的小目标，以此来保证取得阶段性的胜利，这会对团队起到很好的激励效果。此外，管理层要有大局观，统筹把握整个工作完成度，对于出现的问题和错误要及时、正确地进行修补改正，不能将目光局限在阶段性的胜利上，而要把目光放得更长远，如此才能使团队取得更大的进步与发展。

团队成员应该时刻保持极大的工作热情，而积极主动、认真负责的工作态度是保持工作热情的重要基础。这种工作态度也是创造更大销售效益、提高工作效率的前提保证。

4.4.4　根基夯实

根基不稳是许多移动电商团队惨遭市场淘汰的重要原因，而许多因素都会动摇移动电商团队的根基，引起团队管理体系崩溃、团队分配资源失衡等一系列不良的连锁反应。因此，制定合理的销售目标、做出正确的决策、保持资源的合理分配，是保障移动电商团队生存与发展的重要因素。

1. 制定合理的销售目标

制定合理的销售目标可以起到激励团队成员、激发其工作热情的效果，从而提高团队整体的工作效率和团队销售额。但是过高的销售目标会起到相反的作用，成员在巨大的压力下会感到吃力，产生紧张、压抑等不良情绪，导致工作效率和工作状态不稳定，从而影响预期目标的顺利达成。

2. 做出正确的决策

团队领导层决策的正确与否，决定了一个团队是否能以相同的资源创造出更大的价值。移动电商团队决策的制定基于本身拥有的人际关系资源、粉丝资源、人力资源等许多方面，还要把握移动电商发展的大方向，结合行业趋势，通过详细的分析才能制定出利于团队发展的整体决策。

3. 保持资源的合理分配

资源的合理分配是移动电商团队顺利开展工作的重要前提，它包括进出货的优惠价格、商品促销活动、热卖商品分配等诸多方面。移动电商团队可以根据团队成员个人赚取利润的能力合理地分配资源。例如，对于拥有较高消费能力客户群的代理商，应给他提供利润较高的高端商品与优惠促销等资源；而对于销售量惨淡、消费群体少的代理商，则给他提供热卖商品等资源，帮助他提升销量。

4.5 移动电商客服激励机制

在大量枯燥无味的工作中，客服人员需要不断被激励，才能对目前的岗位保持热情。那么，建立怎样的激励机制才能让客服人员保持工作热情呢？下面总结了 4 条激励机制，分别是竞争机制、晋升机制、奖惩机制和监督机制。

课堂讨论

（1）为什么要制定客服激励机制呢？
（2）怎样制定良好的客服激励机制？

4.5.1 竞争机制

竞争机制是市场机制的内容之一，是商品经济活动中优胜劣汰的手段和方法。在客服团队中形成积极、良性的竞争机制是科学管理客服人员的要求。竞争机制一旦发挥了良性作用，对客服团队的管理就会起着不小的促进作用，如促进客服人员不断通过增长知识、提升技能来获得客户的满意。可是这种竞争机制一旦失衡，就会造成客服人员之间不信任、员工心理压力增大等各种负面影响。

那么移动电商团队管理者应该从哪些方面来实施这种良性的竞争机制呢？科学有效的竞争机制一定要以有说服力的数据作为支撑。表 4-1 所示为客服人员工作数据对比。

表 4-1　客服人员工作数据对比表

客服	销售金额/元	咨询人数/人	成交人数/人	转化率/%	响应时间/秒	客单价/元	退款率/%
马丽	32 000	500	200	40	45	160	1.1
李冰	32 200	400	230	57.5	35	140	1.0
王方	68 000	600	360	60	30	188.89	0.7
陈雨	3548	98	50	51	49	70.96	3

4.5.2 晋升机制

晋升机制是指规定员工晋升的条件、方法与流程等的制度。晋升是指员工由较低层级职位上升到较高层级职位的过程。根据调查，在众多离职原因中，晋升机制是否健全占了很大比重。客服人员的晋升一定要遵循以下几点。

- 规范客服人员的培养、选拔和任用制度，推动客服人员的业务水平不断提高。

- 建立客服人员晋升通道，激励客服人员不断提高业务水平，以卓越的现场管理能力推动公司的发展。
- 树立客服人员学习的标杆，不断引导其他客服人员终身学习，促进公司的发展。
- 职位空缺时，首先考虑内部人员晋升，在没有合适人选时才考虑外部招聘。

客服人员的晋升机制通常包括职务晋升和薪酬晋升，二者是不可拆分的。表 4-2 所示为客服晋升等级参考。

表 4-2　客服晋升等级参考

职称	工资范围	考核办法
见习客服	2000 元	1～3 个月试用期，有半年以上客服经验的可以缩短试用期
正式客服	3200 元以上	1. 入职 3 个月内工作态度端正，没犯重大错误 2. 通过培训考试，通过考察期后符合公司要求即可转正
资深客服	3500 元以上	1. 成为正式客服后，工作 3～6 个月 2. 表现突出，起表率作用，能上传下达并解决突发问题 3. 提出晋升资深客服申请，通过申请后进入一个月的考察期，考察期内没犯重大错误
客服主管	4800 元以上	1. 从资深客服中提拔，工作出色，业务能力超众，起领导作用 2. 为公司发展做出较大贡献，综合能力强，对营销策划推广有独特的见解 3. 了解淘宝广告推广活动资源，可以积极主动为公司争取最大的利益 4. 能够独立带领客服团队出色完成公司安排的任务 5. 可由公司决定安排至其他部门就职

4.5.3　奖惩机制

俗话说，没有规矩，不成方圆。奖惩机制是客服人员管理与考核的核心。在对客服人员的管理中，企业从绩效指标制定到压力设计，都需要一套完善、明确、可行的奖惩机制，这是确保客服人员服务质量的根本保障。无论奖励还是惩罚，其最终目的都是保障服务质量，为企业创造更高的效益。

奖励一般采取精神奖励和物质奖励两种形式，对于调动客服人员的积极性而言，二者缺一不可。

1. 精神奖励

精神奖励能够激发客服人员的荣誉感、进取心和责任心。从心理学角度看，精神奖励对每一个人来说都能引起愉快的感受，因为任何人都希望得到他人和社会的赞赏。

2. 物质奖励

物质奖励是企业基于客服人员良好的工作表现而增加的薪酬、福利待遇，对调动客服人员的积极性有显著作用。奖励金额为多少、怎样才能实现想要的效果，这些都需要移动电商团队根据自己的情况进行设置。

3. 惩罚制度

企业不能只有奖励机制而没有惩罚机制，当客服人员不合格时，管理者一定不要抱着睁一只眼闭一只眼的态度，发现问题要及时解决。管理者可以根据客服人员的工作失误程度、违规的严重性、销售额和询单转化率来权衡惩罚的轻重。参考的惩罚措施一般有警告、通报批评、级别降低、工资降级甚至被辞退等。这些压力会让客服人员工作得更有激情。

小提示

惩罚固然是必不可少的，但它终究是一种消极手段，任何形式的惩罚都会对受惩罚者造成一定程度的物质损失或精神伤害。因此，惩罚要特别慎重，而且应“对事不对人”。惩罚不仅要针对犯错误的客服人员，也要以此教育客服团队的全体员工。

4.5.4 监督机制

监督机制是对客服人员工作情况的跟踪和监督，通过对客服人员的工作状态、工作成效、客户满意度、员工认可度等方面进行监视、督促和管理，促使客服人员的工作达到预定的目标。

在对客服人员进行监督时，管理者可以采用数据监控和问卷调查两种方式。管理者首先利用数据监控对客服人员的工作成效进行评估，然后通过问卷调查对客户反馈的问题进行有效监督。

管理者也可以制作针对客服人员服务情况的问卷调查表。客服工作问卷调查表如图 4-1 所示。移动电商团队可以不定期发送问卷调查表让客户填写，再根据客户反馈的信息分析客服人员的工作状态，对客服人员的工作进行监督。

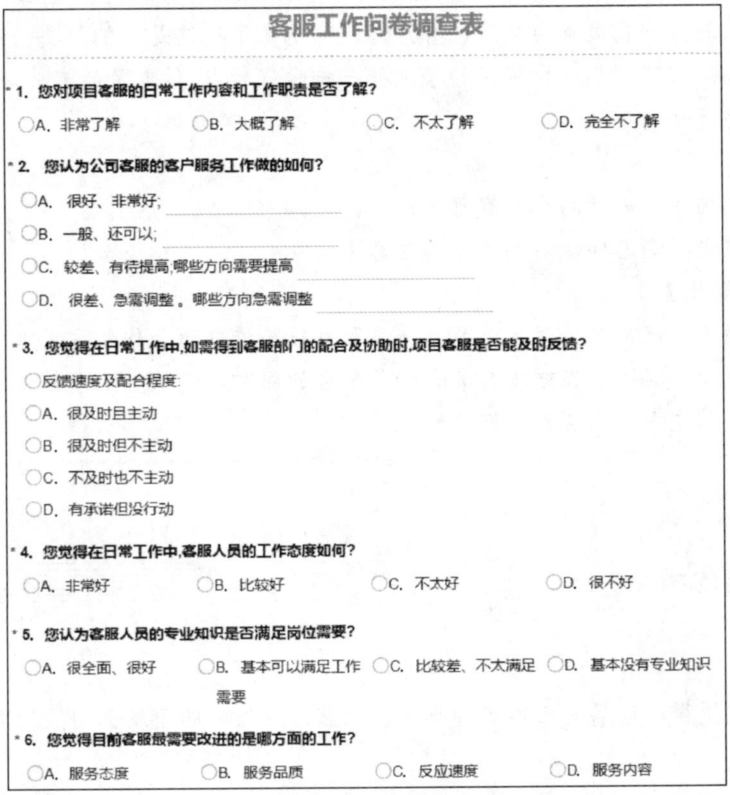

客服工作问卷调查表

* 1. 您对项目客服的日常工作内容和工作职责是否了解？

○A. 非常了解　○B. 大概了解　○C. 不太了解　○D. 完全不了解

* 2. 您认为公司客服的客户服务工作做的如何？

○A. 很好、非常好;

○B. 一般、还可以;

○C. 较差、有待提高;哪些方向需要提高

○D. 很差、急需调整。哪些方向急需调整

* 3. 您觉得在日常工作中,如需得到客服部门的配合及协助时,项目客服是否能及时反馈？

○反馈速度及配合程度:

○A. 很及时且主动

○B. 很及时但不主动

○C. 不及时也不主动

○D. 有承诺但没行动

* 4. 您觉得在日常工作中,客服人员的工作态度如何？

○A. 非常好　○B. 比较好　○C. 不太好　○D. 很不好

* 5. 您认为客服人员的专业知识是否满足岗位需要？

○A. 很全面、很好　○B. 基本可以满足工作需要　○C. 比较差、不太满足　○D. 基本没有专业知识

* 6. 您觉得目前客服最需要改进的是哪方面的工作？

○A. 服务态度　○B. 服务品质　○C. 反应速度　○D. 服务内容

图 4-1　客服工作问卷调查表

企鹅吃喝指南

企鹅吃喝指南是一个以美食推荐、评测及线上售卖为主要业务的自媒体平台。从 2014 年微信公众号上线到 2016 年年初，企业吃喝指南由一家专注做红酒推荐和销售的平台，变成了一家集内容运营、导购推介和电商售卖为一体的综合化平台，每月销售额达到 80 万元，并成为理性化美食评测的业界代表之一，在饮食界广受赞誉。

企鹅吃喝指南的成功，是由以下多方面因素决定的。

1. 清晰的商业逻辑

CEO 王志伟对于企鹅吃喝指南的定位十分清晰——对食品进行科学化、高质量的评测，做饮食界的垂直阶层，以此实现电商变现的目标。这一点也是整个团队的主要努力方向。

2. 高质量内容运营

王志伟聘请优质生活达人刘晓意为内容主编，在内容运营方略上既不失严谨又充满新意。例如，每周开几次选题会，随时备有数十个新鲜选题；每周生产 2～3 个视频；图文内容的字数保持在 4000 字左右，并配有大量图片；企业公众号基本保持每天更新，内容包括探店报告、饮食科普、美食视频等。

3. 实地调查研究

企鹅吃喝指南团队极为重视对美食的现场调查和研究。例如《我们去了汕头，只为让你看到潮汕火锅真正的样子》这篇文章，就是团队成员亲自去汕头调查，甚至进牛棚实地拍摄才编辑出来的。而另一篇文章《300 包薯片，我们吃完了！这是你们想要的结果》则是另一位成员从全球各地采买到 300 种不同的薯片并一一尝试后，通过大量的专业评测才写出来的，因此起到了极为轰动的效果。

思考题：

（1）企鹅吃喝指南成功的原因有哪些？

（2）企鹅吃喝指南怎样做好高质量的内容运营？

【成功原因解析】

企鹅吃喝指南在微店领域试水电商，并采取直接与进口商合作的方式减少中间环节、压低产品价格。此外，其团队在继续做美食运营平台的同时，尝试自己掌控供应链，做自营电商。这一切使企鹅吃喝指南得到很好的发展。

练习与思考

一、选择题

1.（　　）使得管理层的工作更加有效，能够站在宏观的角度把团队的各个环节连接在一起。

　　A. 完整的组织架构　　B. 强大的应对挑战能力　　C. 强大的思维能力

2．一个团队必须有公平、公开、透明的（　　　），公平合理的分配制度能有效避免团队成员出现分歧。

  A．团队成员的互补 B．分配制度   C．团队成员之间良好的沟通

3．建立一个优秀的基础团队首先要做好团队的（　　　），这是团队能否成功创建的战略基础。

  A．成员的互补   B．团结互助   C．角色定位

4．（　　　）是客户的视觉引导者，主要负责对团队推送的消息、图片等进行美化处理，并与策划人员和推广专员合作制作视频、图片集等。

  A．美工设计专员 B．推广专员   C．运营总监

5．（　　　）包括 IT 系统人员、网站运营专员和客服专员。

  A．前线作战部队 B．运营保障部队 C．后勤支持部队

二、判断题

1．完整的组织架构使管理层的工作更加有效，能够站在宏观的角度把团队的各个环节连接在一起。　　　　　　　　　　　　　　　　　　　　　　　　　　　（　　　）

2．一个团队必须有公平、公开、透明的分配制度。　　　　　　　　　　（　　　）

3．只采用语言激励可以起到鼓励先进、鞭策后进的作用。　　　　　　　（　　　）

4．奖励要把物质奖励和精神奖励结合起来，使两者相辅相成。　　　　　（　　　）

5．网站运营专员是移动电商团队的"掌门人"，是商品运营专员的"领头人"。（　　　）

三、复习思考题

1．为何要组建移动电商团队？相比于个体经营者，它在运营中有哪些优势？

2．组建移动电商团队前需要做哪些准备？团队对成员的基本要求是什么？

3．移动电商团队制度的构建过程是怎样的？

4．建立怎样的激励机制才能让客服人员保持工作热情？

任务实训

实训目标

掌握激励机制，通过具体的案例来加深对本章知识的理解和认识。

实训要求

为了激发客服人员的积极性，请你为自驾网店制定一个有效且可以执行的客服人员激励机制，具体要求如下。

（1）建立良好的竞争机制，并以具有说服力的数据作为支撑。

（2）利用晋升机制来选拔网店中的客服人员。

（3）对客服人员合理使用物质奖励和精神奖励。

（4）利用监督机制来评估客服人员的工作完成情况。

第 5 章　手机淘宝

【学习目标】

◎　了解手机淘宝。
◎　掌握手机淘宝的运营策略。
◎　掌握手机淘宝的交易过程。
◎　掌握手机淘宝店铺的装修方法。

随着移动网络的发展，智能手机的普及率逐步提高，越来越多的人喜欢用手机上网。如今的电商除了争夺 PC 端的客户，移动端的客户也已成为争夺的重点。商机无处不在，为了在未来的淘宝经营中占领市场，商家需要做好手机淘宝营销。

5.1　手机淘宝概述

中国互联网络信息中心（CNNIC）发布的第 48 次《中国互联网络发展状况统计报告》显示，截至 2021 年 6 月，我国手机网民规模达 10.07 亿人，较 2020 年 12 月增长 2092 万人，网民中使用手机上网的比例为 99.6%。我国网购用户及手机网购用户规模逐渐增加，网购市场的交易规模一直保持快速增长趋势，手机网购用户占网购用户的比重不断上升。由此观之，我国移动端购物早已经超过 PC 端购物，成为推动网络购物市场的第一大动力。

随着时代的发展，智能手机的普及率提高，加之手机携带方便，所以人们开始偏向于使用手机购物。淘宝是阿里巴巴的门户网站，拥有网页版本和客户端版本。通过它，客户可以随时随地在手机上完成商品相关的搜索、浏览、支付购买、查看物流等操作。

手机淘宝是淘宝在移动端的全新尝试。首先，手机淘宝的外延性更大，它的功能已经不仅局限于购物，而是成为一个生活消费的入口，用户能够利用它满足自己在日常生活中的各种需求。

其次，手机淘宝可以通过移动端地理定位功能，使商家了解到附近客户的位置，从而展开具有针对性的精准营销活动。

最后，手机淘宝还从一些很简单的行业开始切入，以便最大限度地满足客户的日常需求，如我们经常见到的外卖服务。总之，手机淘宝所提供的商品和服务，正是我们在实际生活场景中所需要的商品和服务，从这一点来说，它确实做到了以客户需求为中心。在可以预见的未来，手机淘宝将会取得更好的进步和发展。

5.2 手机淘宝的运营策略

随着移动端软硬件技术的不断发展，移动互联网已是大势所趋。在这种趋势下，很多商家都越发注重移动端的运营。而作为移动端商务类 App 的代表，手机淘宝成为商家开展经营活动的较好选择。下面介绍与手机淘宝有关的运营策略。

5.2.1 搜寻货源

有些商品在 PC 端售卖可能会获得良好的收益，但放在移动端却不一定适用。其中的原因是多方面的，目标客户群的需求、偏好差异等就是重要的影响因素。所以，我们需要寻找适合在移动端售卖的商品。一般来说，通过对访客平均价值（成交金额/访客数）和收藏人数这两大数据的分析，我们往往可以判断出商品盈利能力的大小并获得市场相关评价，在此基础上我们就可以寻找到合适的商品种类。图 5-1 所示为分析商品访客平均价值和收藏人数。如果访客平均价值比较高、收藏人数较多，那么该商品的销量和利润都会很不错，我们就可以把该商品放在移动端售卖。

当前状态	所有终端的商品访客数	所有终端的支付金额	所有终端的收藏人数	所有终端的支付转化率	所有终端的访客平均价值	操作
当前在线	83,698	50,443.54	1,911	3.41%	0.6	商品温度计 单品分析
当前在线	33,324	43,393.85	926	4.82%	1.3	商品温度计 单品分析
当前在线	9,722	15,165.89	300	5.60%	1.56	商品温度计 单品分析

图 5-1 分析商品访客平均价值和收藏人数

5.2.2 商品热词

找到合适的商品种类之后，接下来要添加有利于商品推广的热词。我们需要选择一部分与商品属性相合的行业热词，找到其中优势较为明显的，将其添加上去。

商品热词

热词指目前手机淘宝里面搜索频率较高的词。这个词一般是商家必须添加的，因为它是符合很多买家搜索习惯的词，一般会在下拉列表里面显示。很多买家在手机搜索框中输入一个字，就会直接选取下拉列表里面出现的词。

下面介绍手机淘宝商品热词的选择技巧。

1. 选择移动端热搜词及类目属性词

移动端热搜词及类目属性词如图 5-2 所示。我们在移动端搜索"羽绒服"，在弹出的下拉列表中显示的就是热搜词及对应的类目属性词，我们可以把这些词组合起来。

2. 提示关键词组合

当搜索一个关键词时，页面中会出现一些提示关键词，如图 5-3 所示。点击这些词，它们可以和主搜关键词相匹配组成新的关键词，也可以进行关键词的组合及统计。

图 5-2　移动端热搜词及类目属性词

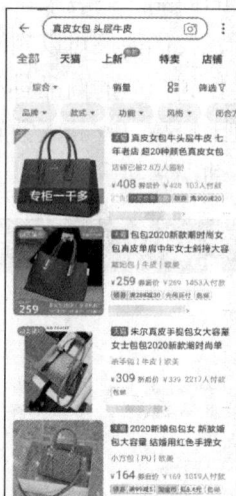

图 5-3　提示关键词

3. 生意参谋后台关键词

生意参谋无线端选词助手统计出来的关键词也可以作为选词参考。图 5-4 所示为生意参谋后台关键词。

图 5-4　生意参谋后台关键词

5.3　手机淘宝交易过程

下面介绍手机淘宝的交易过程，包括发布商品、店铺的基本设置、设置运费模板、在线发货、评价买家等。

5.3.1　发布商品

我们通过淘宝网卖家认证后，接下来要做的就是发布商品了，店铺里面有商品才可以进行销售。下面介绍发布商品的方法，具体操作步骤如下。

（1）登录淘宝网，单击页面右上角的"千牛卖家中心"链接，如图 5-5 所示。

图 5-5　单击"千牛卖家中心"链接

（2）进入"千牛卖家工作台"页面，单击页面左侧的"宝贝管理"下面的"发布宝贝"链接，如图 5-6 所示。

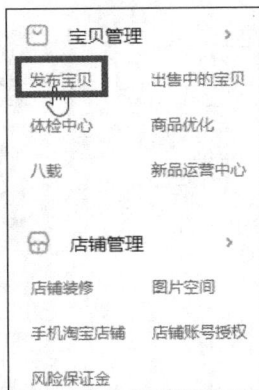

图 5-6　单击"发布宝贝"链接

（3）在打开的网页中选择要发布商品的类目，然后单击"下一步，完善商品信息"按钮，如图 5-7 所示。

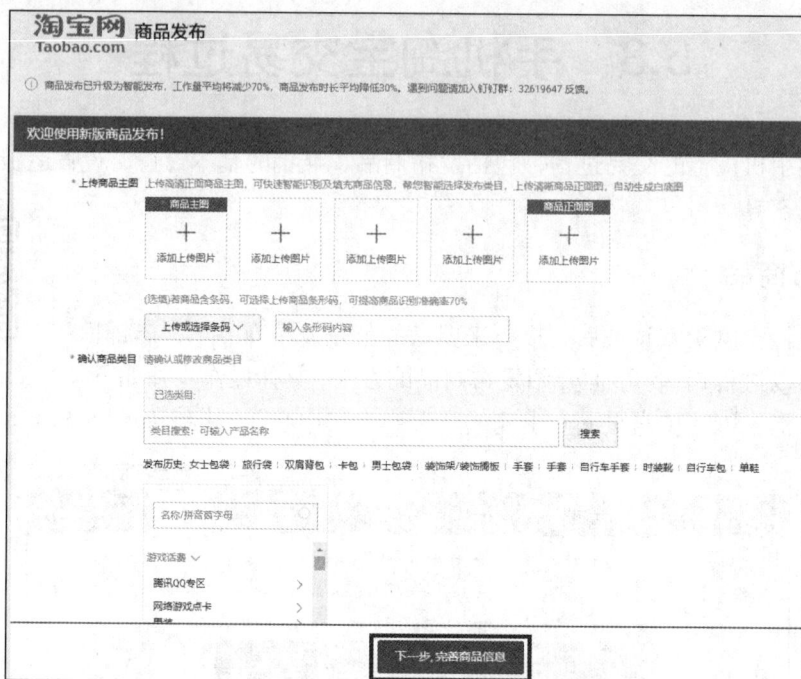

图 5-7 单击"下一步，完善商品信息"按钮

（4）在打开的网页中，根据提示填写"宝贝标题""类目属性"等基础信息，如图 5-8 所示。

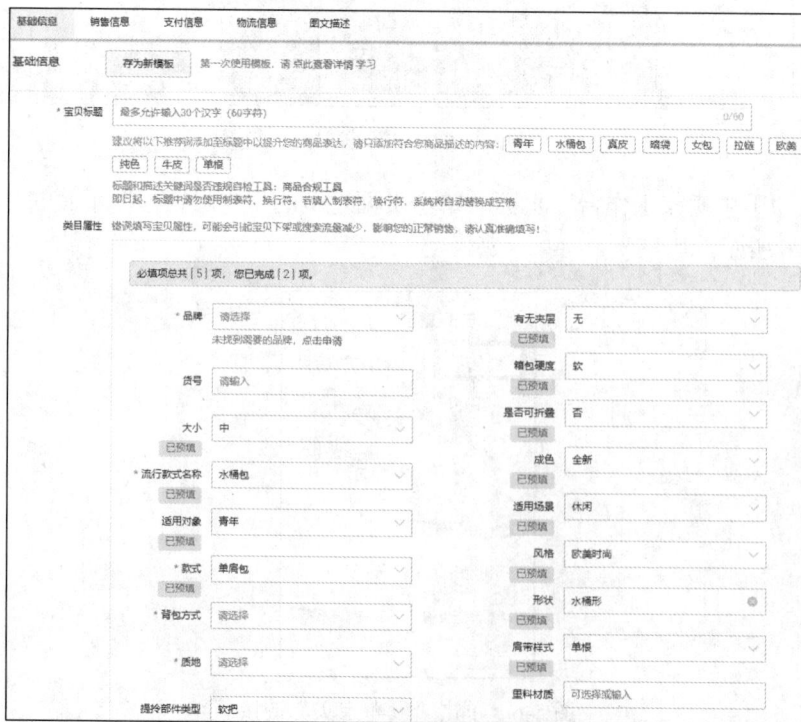

图 5-8 填写基础信息

（5）接下来填写商品的销售信息，如图 5-9 所示。

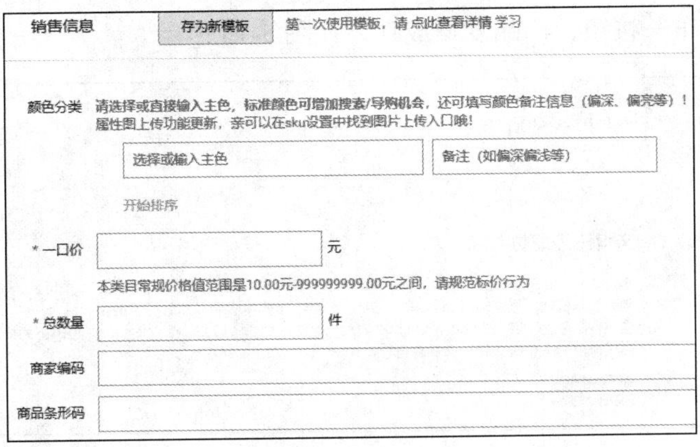

图 5-9　填写销售信息

（6）填写支付信息，如图 5-10 所示。

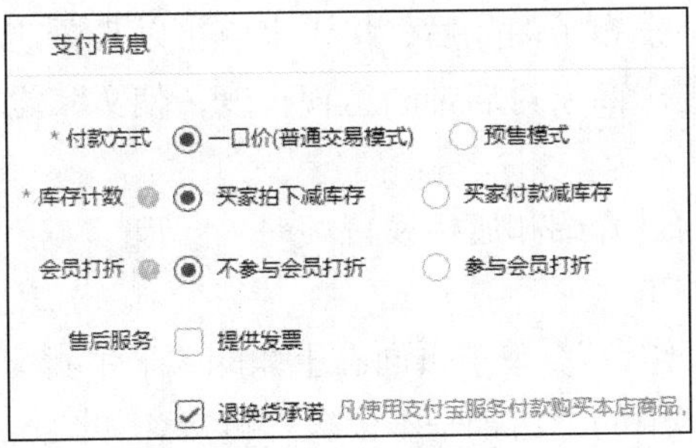

图 5-10　填写支付信息

（7）填写物流信息，如图 5-11 所示。
（8）填写图文描述信息，如图 5-12 所示。

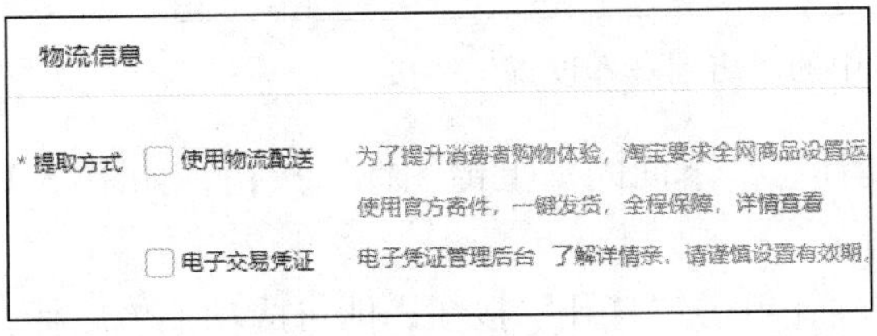

图 5-11　填写物流信息

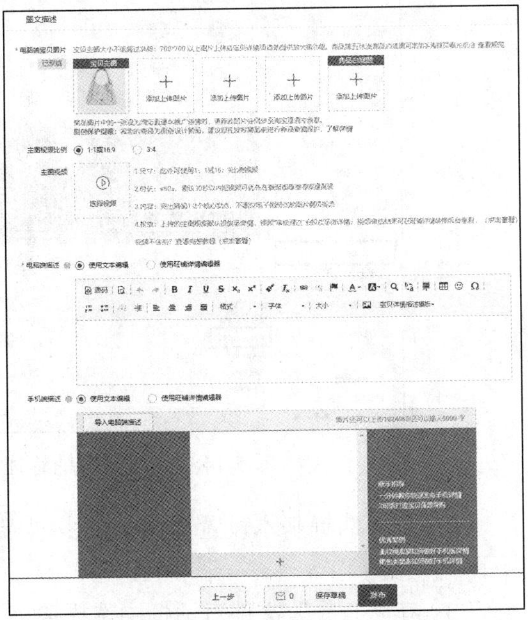

图 5-12　填写图文描述信息

（9）单击"发布"按钮，商品发布成功，如图 5-13 所示。

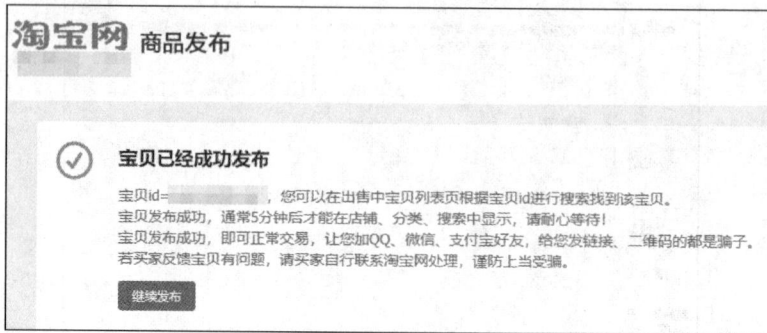

图 5-13　发布成功

5.3.2　店铺的基本设置

商家有了自己的店铺并发布了商品后，接下来就可以设置店铺了。设置店铺不仅可以使店铺更美观，而且还能表现出商家对店铺的重视程度，使买家觉得商家在用心经营，从而提升对店铺的好感度。

店铺的基本设置包括店铺介绍和店标设置。

店铺的基本设置步骤如下。

（1）登录"千牛卖家工作台"，单击页面右上角的"千牛卖家中心"链接，进入千牛卖家工作台；单击"店铺管理"中的"店铺基本设置"链接，如图 5-14 所示。

图 5-14　单击"店铺管理"中的"店铺基本设置"链接

（2）打开店铺基本设置页面，单击"店铺标志"下面的"上传图标"按钮，如图 5-15 所示。

（3）在"打开"文件对话框中选择店标文件，单击"打开"按钮，即可成功上传店标，如图 5-16 所示。

（4）上传店标完成后，还可以输入店铺简介、主要货源、店铺介绍等信息，设置好相关信息后，单击底部的"保存"按钮，即可成功设置店铺基本信息，如图 5-17 所示。

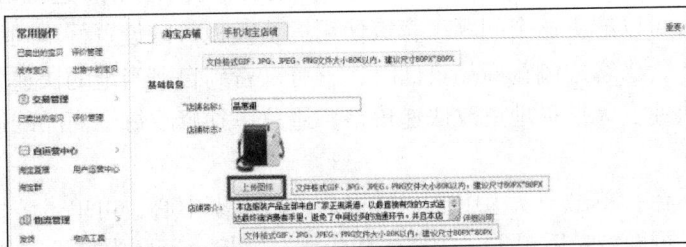

图 5-15　单击"上传图标"按钮

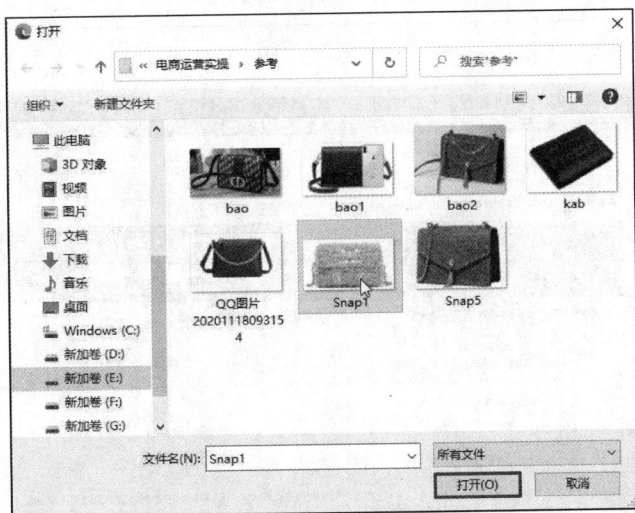

图 5-16　选择店标文件

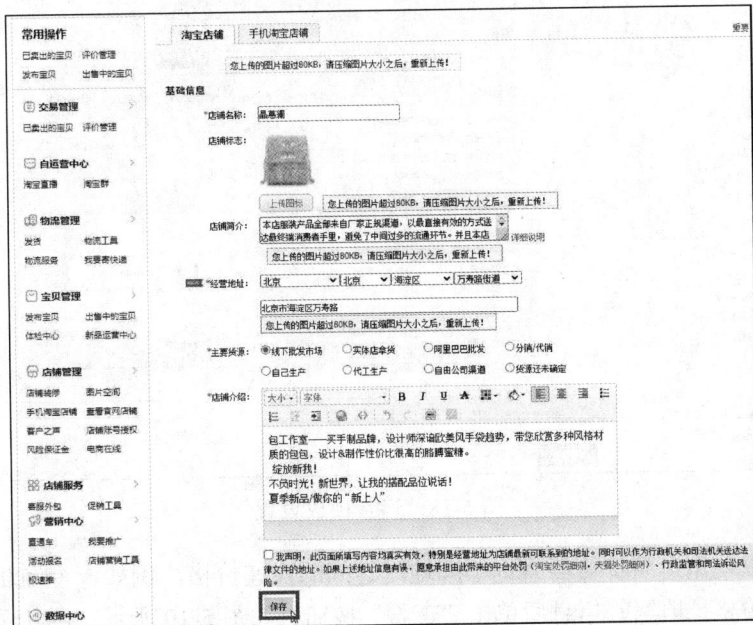

图 5-17　设置店铺基本信息

5.3.3 设置运费模板

网上开店面向的是全国各地的客户，各地的快递价格有所不同，这就给卖家带来了麻烦。淘宝网的运费模板可以解决这个问题。卖家使用运费模板可以设置好不同地区的快递价格，然后应用在商品上，当客户浏览商品页面时，就可以看到自己当地的快递费用。另外，使用运费模板还可以快速、大批量地更改快递价格，避免单独修改每个商品的运费，节省了大量的时间和人力。

登录淘宝网后台，单击"卖家中心"链接，进入卖家中心，再单击"物流工具"链接，打开"物流管理"页面，最后单击"运费模板设置"链接。运费模板设置如图 5-18 所示，卖家可以根据提示设置运费模板。

图 5-18 运费模板设置

卖家还可以使用运费计算器查询不同地区之间的快递价格。例如，查询北京市到辽宁省沈阳市的物流价格，填写好信息后单击"查看"按钮，如图 5-19 所示；可以显示出不同物流公司的价格，如图 5-20 所示。

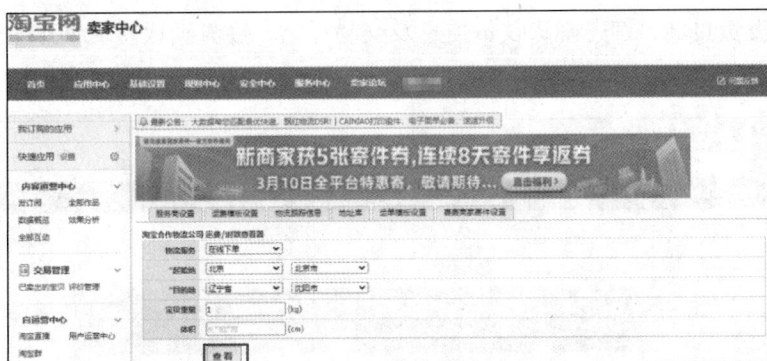

图 5-19　查询北京市到辽宁省沈阳市的物流价格

图 5-20　不同物流公司的价格

5.3.4　在线发货

客户付款后，卖家就可以选择物流在线发货了，具体操作步骤如下。

（1）登录"千牛卖家工作台"，单击"交易管理"下的"已卖出的宝贝"链接，进入"已卖出的宝贝"页面，单击需要发货的商品后面的"发货"按钮，如图 5-21 所示。

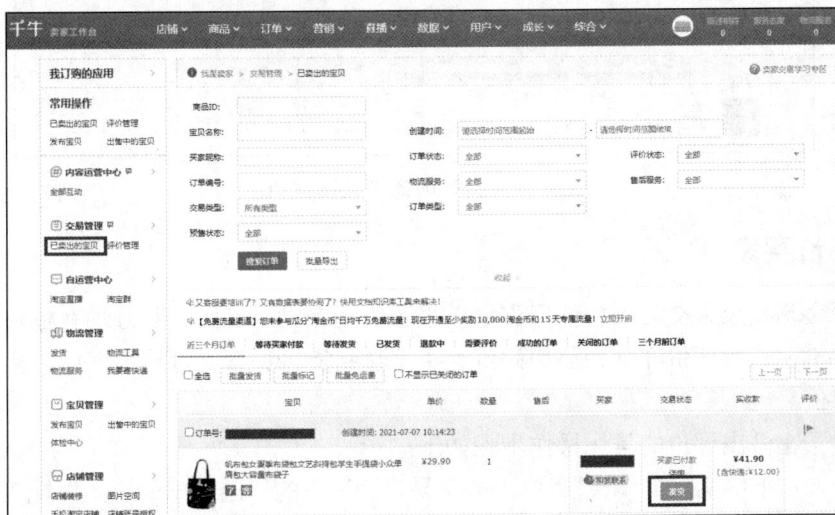

图 5-21　"已卖出的宝贝"页面

（2）进入发货页面，首先确认收货信息及交易详情，接着确认发货/退货信息，如图 5-22 所示。

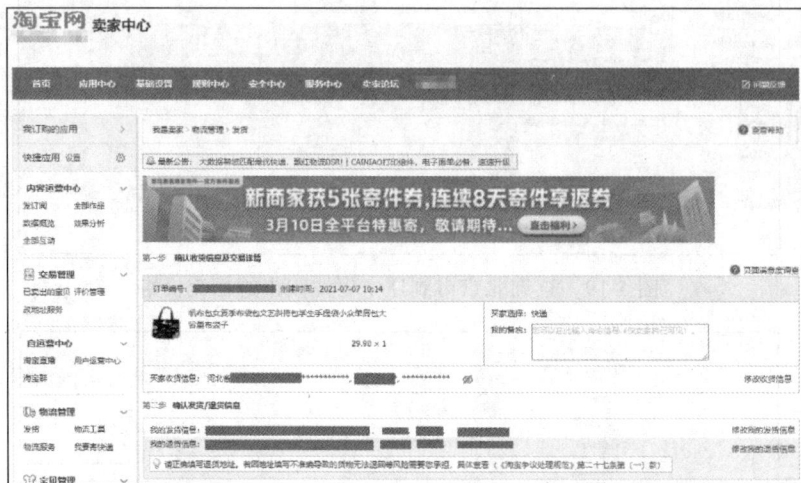

图 5-22　发货页面

（3）卖家也可以选择"无需物流"，成功发送货物后如图 5-23 所示。

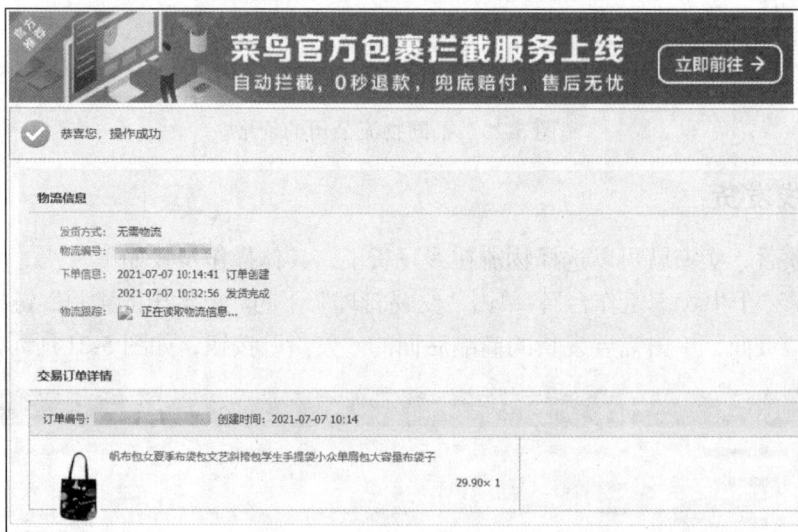

图 5-23　卖家选择"无需物流"

5.3.5　评价买家

淘宝网会员在个人交易平台使用支付宝服务成功完成交易后，双方均有权对对方交易的情况进行评价，这个评价亦称为信用评价。买家收到货将货款支付给卖家后，卖家应及时对买家做出评价。

卖家对买家做出评价的具体操作步骤如下。

（1）进入"千牛卖家工作台"，单击"交易管理"下的"已卖出的宝贝"链接，打开"已卖出的宝贝"页面，可以看到对方已经评价，单击"评价"链接，如图 5-24 所示。

图 5-24　单击"评价"链接

（2）进入评价页面，勾选"好评"复选框，输入评价内容后，单击"发表评论"按钮，如图 5-25 所示。

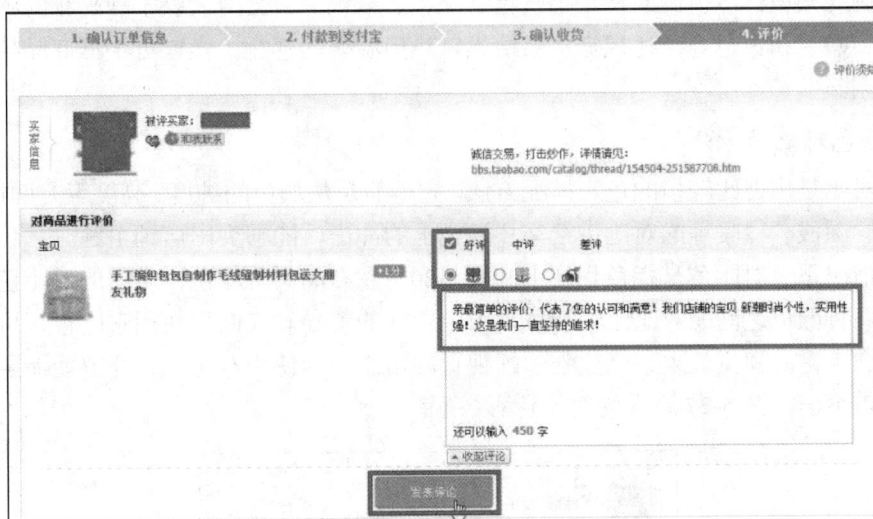

图 5-25　评价页面

（3）成功评价买家如图 5-26 所示。

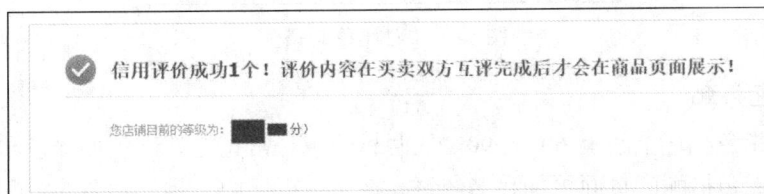

图 5-26　成功评价买家

5.4　手机淘宝店铺的装修方法

手机淘宝店铺的装修方法有很多，其根本目的是吸引客户关注，从而引发其购买行为。具体来说，主要的店铺装修方法包括店铺页面配色、商品主图设计、店铺风格设计、手机淘宝店铺首页装修、手机淘宝商品详情页设计、购买手机淘宝店铺装修模板。

5.4.1　店铺页面配色

合理的店铺页面配色对于打造"爆款"商品来说，无疑是锦上添花。买家很可能因此而愿意在你的店铺多停留一会儿，这样就增加了购买商品的概率，同时也提高了买家对店铺的信任度和好感度。

那么如何通过店铺页面配色来助力"爆款"商品的打造呢？我们可以从以下几个方面进行。

1. 主色调的选择

店铺页面在搭配上要整体协调统一。换句话说，店铺要有一个总领性的主色调，使页面看起来更加美观。那么如何选择主色调呢？首先要知道颜色有 3 个属性：饱和度、色相和明度。卖家在设计店铺页面时，可根据这 3 个属性来调整主色调。除此之外，卖家还要了解关于冷暖色调的知识：冷色调通常是指蓝色、绿色、紫色等，会给人以宁静高雅的感觉；暖色调有红色、橙色和黄色等，在视觉上会给人以热情温馨的感觉。卖家可根据商品特性选择合适的主色调。

2. 颜色对比的方法

颜色对比是用得比较多的色彩搭配方法。它一般是从颜色的纯度、亮度等方面进行对比，通过明暗、深浅、冷暖等的对比带给客户视觉上的冲击，能够突出店铺主题。

通常情况下，对比色是指色相环上间隔 120° 左右的两种颜色，常见的对比色是红色和蓝色，这两种颜色之间的对比比较能体现出色彩间的差异。大面积使用对比色，可以展现出页面鲜明、丰富的视觉效果，产生强烈的视觉冲击。合理使用对比色，能够使淘宝店铺特色鲜明、重点突出。图 5-27 所示为对比色彩搭配。

图 5-27　对比色彩搭配

3. 邻近色搭配

邻近色是指色相环上间隔 60°～90° 的两种颜色，常见的邻近色如绿色和蓝色、红色和黄色。使用邻近色搭配的页面更加和谐统一。在两色搭配中，相邻两色的搭配简单有效，且不容易出错。图 5-28 所示为邻近色搭配。

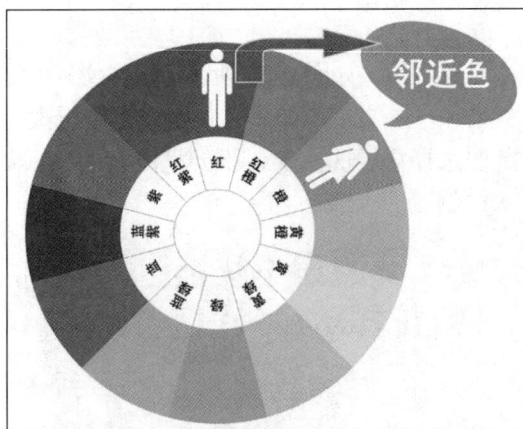

图 5-28　邻近色搭配

5.4.2　商品主图设计

商品主图是淘宝店铺的核心。一张具有视觉冲击力和个性的商品主图，不仅能让自己的商品从众多竞争者的商品中脱颖而出，而且能让店铺获得更多的流量和点击率。因此，商品主图设计是卖家们的必修课程。

设计商品主图的方法如下。

1. 突出重点

很多卖家在设计商品主图时，会忽略突出商品重点这一细节，导致在体现商品效果的时候分不清主次，造成视觉混乱。

2. 保证清晰度

要想图片具有吸引力，增强买家的购买欲，商品主图就一定要清晰。清晰的商品主图不仅能体现出商品的细节和各种相关的信息，还能极大地增强商品的视觉冲击力。否则，模糊的商品主图只会降低买家的体验感和购买欲，甚至让有些买家觉得是盗图，从而对商品也失去了信心。图 5-29 所示为清晰的商品主图。

图 5-29　清晰的商品主图

3. 注意美观度

商品主图的设计还要注意美观度，如图 5-30 所示。很多卖家为了突出自己商品的优势和特点，都会选择在商品主图上加一些文字，如真材实料、正品甩卖、"爆款"促销等。卖家在添加这些文字的时候，一定要选择重要的文字，不要把所有的文字都添加在图片上，使得图片混乱，缺乏美感，甚至本末倒置。

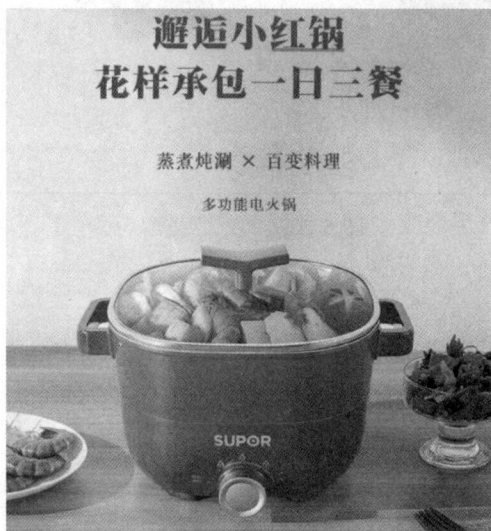

图 5-30 美观的商品主图

5.4.3 店铺风格设计

试想一下，如果每一家店铺的页面都千篇一律、毫无特色可言，那么买家会进入店铺吗？要想真正打动和吸引买家，我们就要讲究店铺页面的风格，这样不仅可以吸引买家，同时还能给买家留下较为深刻的印象。

风格就是店铺的形象带给买家的感受。不同的店铺风格会吸引不同类型的买家，而买家也会从众多店铺中找到自己想要逛的店铺。卖家怎样设计店铺风格呢？下面进行具体介绍。

1. 确定主色调

要确定店铺的主色调，卖家首先要分析自己店铺商品的目标人群，使用目标客户易于接受的色彩。例如，春节一般比较喜庆，火红的颜色预示着好兆头，因此春节促销期间店铺主色调更倾向于选择红色这样的暖色调。

2. 确定辅助色

除了主色调外，店铺风格还需要辅助色来衬托。需要注意的是，辅助色只能起辅助作用，不可过多使用，以免喧宾夺主。众所周知，红色是与喜庆相关的颜色，给人以节日喜庆的感觉，因此常常被用于节日促销期间的店铺页面装修。红色和黄色搭配起来会给人一种很强的视觉冲击，效果十分突出。

5.4.4 手机淘宝店铺首页装修

在淘宝业务逐渐向手机端倾斜的大趋势下，卖家要想提高手机淘宝店

手机淘宝店铺
首页装修

铺的成交率，手机淘宝店铺首页装修是必不可少的。一个好的手机淘宝店铺首页能对店铺的发展起到重要的推动作用。手机淘宝店铺首页装修的具体操作步骤如下。

（1）打开淘宝网，单击右上方的"千牛卖家中心"链接，如图 5-31 所示，进入卖家中心页面。

图 5-31　单击"千牛卖家中心"链接

（2）单击左侧导航"店铺管理"下面的"手机淘宝店铺"链接，如图 5-32 所示。

（3）单击"无线店铺"下的"立即装修"链接，如图 5-33 所示。

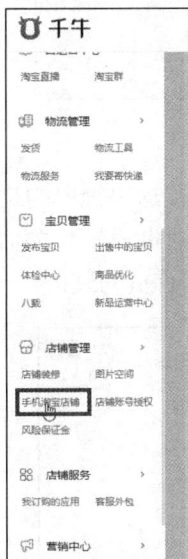

图 5-32　单击"手机淘宝店铺"链接　　　　图 5-33　单击"立即装修"链接

（4）进入无线运营中心页面，打开手淘首页，单击"默认首页"后的"装修页面"链接，如图 5-34 所示。

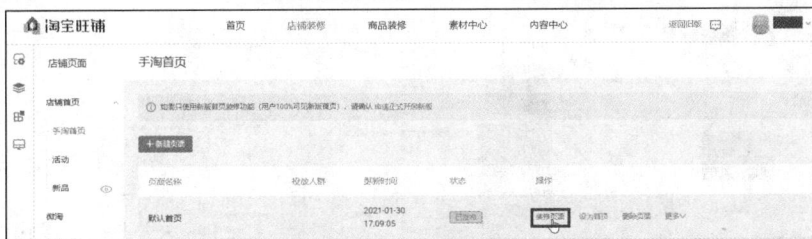

图 5-34　单击"装修页面"链接

（5）打开图 5-35 所示的淘宝旺铺下的页面容器。

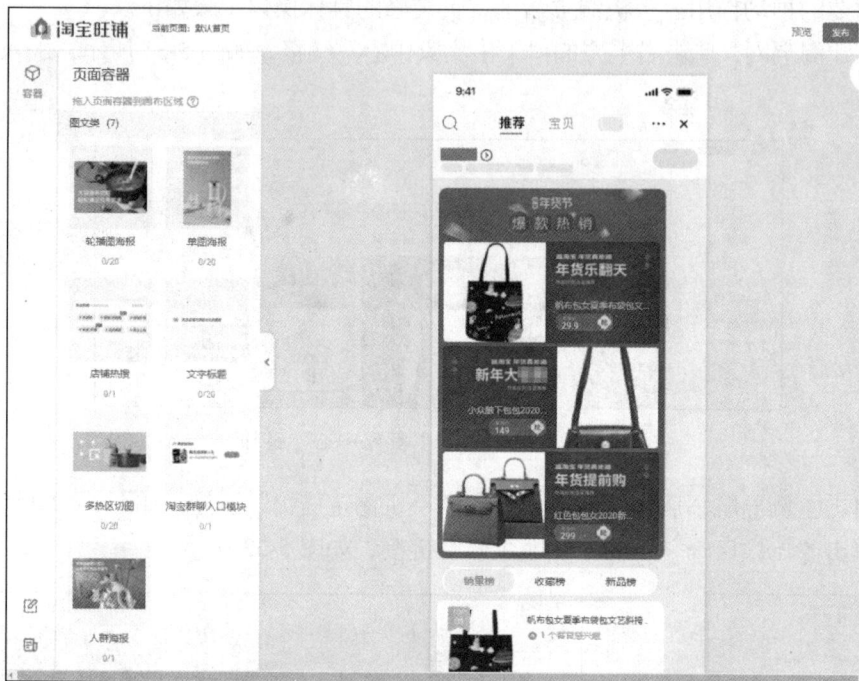

图 5-35　打开淘宝旺铺下的页面容器

（6）选择左侧页面中想要添加的模块，将其拖曳到中间的编辑区。这里拖曳的是"图文类"类目中的"轮播图海报"模块，在右侧的"轮播图海报"模块中可以设置相关信息，完成后单击"保存"按钮，如图 5-36 所示。这样就完成了手机淘宝店铺首页的装修。

图 5-36　设置"轮播图海报"模块的相关信息

5.4.5 手机淘宝商品详情页设计

手机淘宝商品详情页设计得好，不仅可以激发客户的购买欲望，同时还能提高客户对店铺的信任度，有效提升店铺的转化率。那么如何对手机淘宝商品详情页进行设计，才能最大化地发挥其作用呢？

一般来说，商品详情页和主图、标题要契合，并且要对商品属性做出真实的说明，具体设计要点如下。

1. 设计前的调查

在设计商品详情页之前，卖家要做好充分的调查工作。

2. 对商品卖点的挖掘

商品卖点可以是价格、款式、文化、感觉、人气和特色等，卖家要从多个方面做深入的研究，将卖点充分体现出来。在这个阶段，卖家要注重增强对商品的理解，不能简单地加入营销的要素。

3. 进入设计工作

有了前面的准备，加之对商品风格的定位，就可以着手准备设计工作了。卖家要注意整体页面的统一和谐，带给客户身心舒畅的感觉，同时还要正确使用颜色、字体。商品详情页的每一部分都有其特定价值，卖家要仔细推敲，精准设计。

商品详情页设计要从客户角度出发，打消客户对商品的顾虑，从而提高店铺的转化率。

与此同时，卖家还要做好首屏的设计工作，首屏的内容要足够吸引人。拍摄效果良好的图片可作为大图进行展示，拍摄效果一般的图片可用作促销广告。

4. 后期调整

卖家要根据客户的反馈做好记录，并根据实际情况做出调整。同时，卖家还要了解竞争者的情况，做好商品详情页的设计优化工作。

一个好的手机淘宝商品详情页不仅可以为店铺加分，使商品的排名更靠前，而且可以使店铺在移动端获得更多的流量。手机淘宝商品详情页设计的具体操作步骤如下。

（1）在"无线店铺"下面单击"立即装修"链接，如图 5-37 所示。

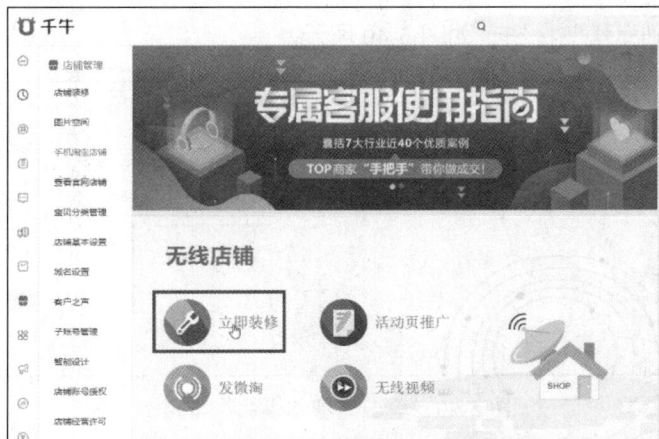

图 5-37　单击"立即装修"链接

（2）进入手淘首页，单击顶部的"商品装修"链接，如图5-38所示。

图5-38　单击顶部的"商品装修"链接

（3）打开装修商品详情页面，单击"装修详情"链接，如图5-39所示。

图5-39　单击"装修详情"链接

（4）单击"基础模块"按钮，如图5-40所示。

图5-40　单击"基础模块"按钮

（5）在"基础模块"页面中添加图片、文字、视频和动图，如图5-41所示。

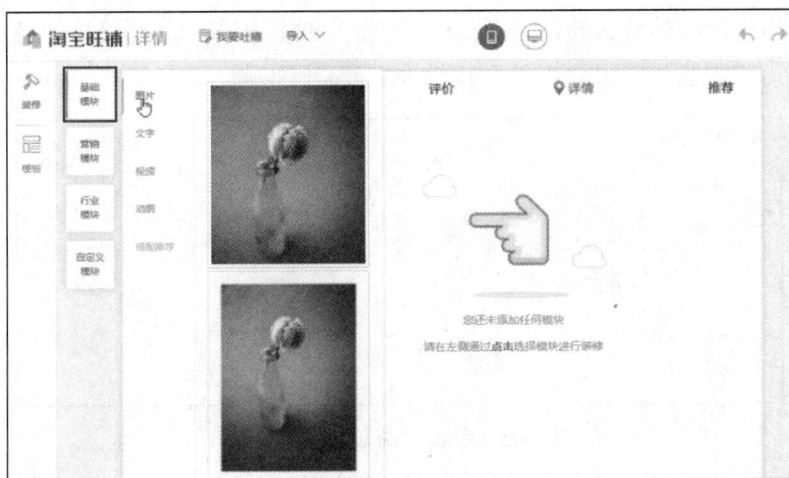

图 5-41　"基础模块"页面

（6）在"营销模块"页面中添加店铺推荐、店铺活动、优惠券和群聊，如图 5-42 所示。

图 5-42　"营销模块"页面

> 📖 **小提示**
>
> 　　PC 端的商品详情页设计思路更多的是把商品的各个方面展示出来，介绍得越详细、越清晰越好。所以，PC 端的商品详情页普遍都比较长且比较全面。移动端由于页面屏数受限，商品详情页展示就精简多了，主要挑选商品卖点、商品属性（如尺码和材质）、模特图、细节图等必要的元素进行展示，商品的细节文案也应该尽量压缩。

5.4.6　购买手机淘宝店铺装修模板

　　随着手机淘宝店铺装修模板的全面上线，淘宝网为卖家提供了更多个性化的店铺装修模板，在帮助卖家提高店铺销量的同时，也提升了客户的浏览体验。购买手机淘宝店铺装修模板的具体操作步骤如下。

　　（1）进入手机淘宝首页，单击顶部的"商品装修"链接，如图 5-43 所示。

　　（2）打开图 5-44 所示的页面，单击左侧的"模板"按钮。

（3）打开模板，此时默认的是官方模板，卖家应选择相应的装修模板，将鼠标指针放置在模板上，单击"预览"按钮，如图 5-45 所示。

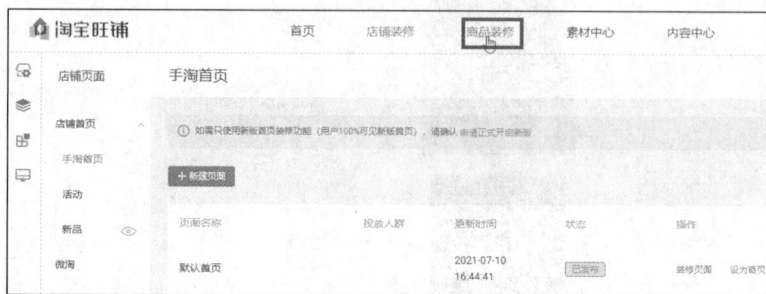

图 5-43　单击"商品装修"链接

图 5-44　单击"模板"按钮

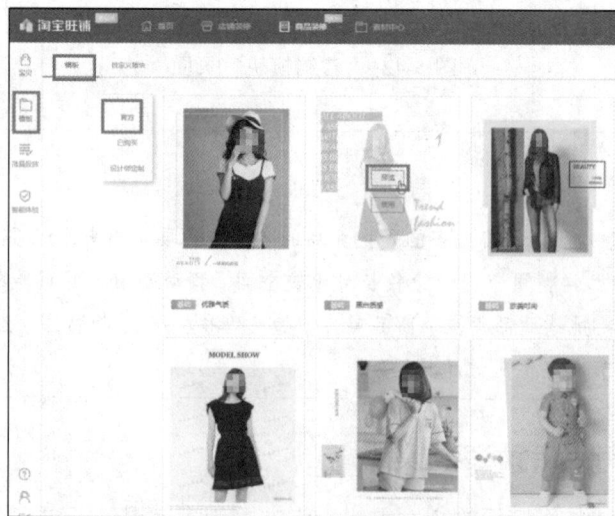

图 5-45　单击"预览"按钮

（4）进行模板预览，如图 5-46 所示。

（5）返回官方模板页面，将鼠标指针放置在想要添加的模板上，单击"使用"按钮，如图 5-47 所示。

图 5-46　进行模板预览

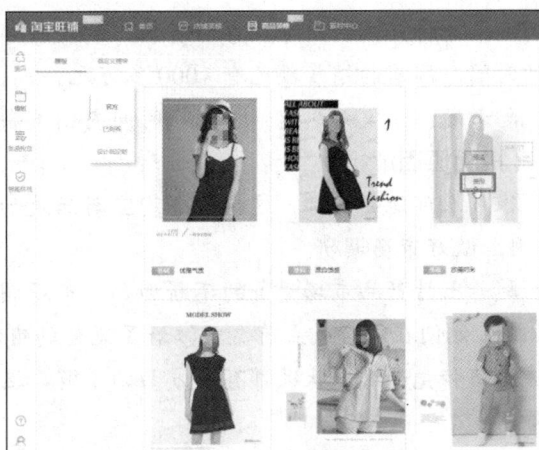

图 5-47　单击"使用"按钮

（6）弹出"商品"页面，选择相应的商品，单击"确定"按钮即可，如图 5-48 所示。

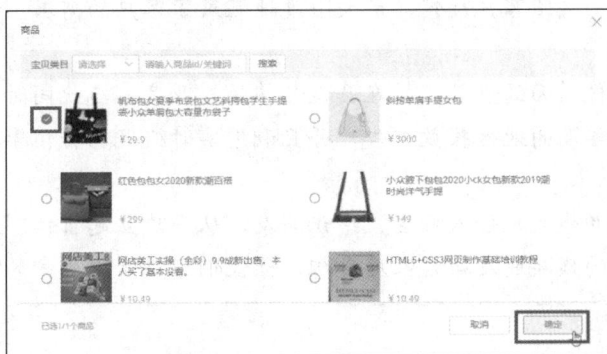

图 5-48　单击"确定"按钮

案例分析

残疾人淘宝开店共同致富

淘宝平台是一个能让残疾人自力更生、创业养家的平台。平台上有一个特殊的创业团队，团队成员全部是残疾人，其中还有不少高位截瘫患者。他们一起并肩创业，利用淘宝网店经营地方特色产品。团队成员间相互鼓励，坚强面对困难，不消沉、不放弃。他们积极的生活态度改变了自己的命运，将人生经营得有滋有味。

他们的办公室里只有简单的几台计算机，墙上的一幅"诚信赢天下"的字帖格外醒目。两位坐着轮椅的工作人员在计算机前忙碌着，回答买家的咨询。

现年 35 岁的赵天云是某公司总经理，5 年前因意外受伤，下半身瘫痪。面对命运的打击，生性乐观的他很快走出困境，选择坚强面对，每天坐着轮椅奔波在前行的路上。

目前公司的主要成员有 6 人，平均年龄为 40 岁。一次偶然的机会，他们几个有相同命运的人相识了。2015 年 3 月，几个人开始筹划创办公司，最后决定先从操作较为容易的淘宝网店做起，开了一家主要经营土特产品、特色手工编制品、根雕、花卉的网店。

如今，赵天云等人的公司已经迈出了第一步，为保证货源和产品质量，他们经常四处联系购买本地特产，租用冷库存储货物，到政府部门办理手续……虽然疲惫但也充实。不到一年的时间，网店的销售额已有1000多万元。

思考题：淘宝新店是如何在短时间内创下高业绩的呢？

【成功原因解析】

很多人可能会好奇，这样一个淘宝新店是如何在短时间内创下如此高的业绩的呢？

1. 做好市场调研

随着土特产品市场竞争的不断加剧，市场调研越发受到各大企业的重视，赵天云团队也不例外。他们在网店成立前夕就做好了充分的市场调研，通过数据分析做到对市场消费趋势、主流价格和竞争对手状况都有多方面的了解，这些调研数据为店铺后期的发展做好了充分的准备。

2. 迎合客户需求

截至2021年7月，赵天云在淘宝网拥有7家店铺，其天猫店铺也已经开张，并且占据了线上销售份额的20%。他的天猫店铺主打高端绿色产品，因为当前大部分客户喜欢环保、绿色的土特产，所以他们按照客户反馈，最大限度地满足了客户的需求。

3. 善于引流

他们非常注重店铺页面的设计，旨在凸显品牌的专业度。与此同时，他们还充分利用直通车和钻展，在转化率高的地区投放广告，并且利用实时概况在转化率较高的时段进行大力推广。

网店运营能够帮助残疾人融入社会、结识朋友，从而建立起自信。赵天云希望能够把网店经营好，帮助更多的残疾朋友减轻家庭负担，让他们可以活出生命的色彩。

📖 练习与思考

一、选择题

1. 商家使用（　　）可以设置好不同地区的快递价格，然后应用在商品上，当客户浏览商品页面时，就可以看到自己当地的快递费用。

  A. 运费模板　　　　B. 物流管理　　　　C. 物流工具

2. （　　）是在色相环上间隔60°～90°的两种颜色，常见的例子如绿色和蓝色、红色和黄色。

  A. 对比色　　　　B. 邻近色　　　　C. 互补色

3. （　　）是淘宝店铺的核心灵魂。一张具有视觉冲击力和个性的淘宝商品主图，不仅能让自己的商品在众多竞争者中脱颖而出，而且能让店铺获得更多的流量和点击率。

  A. 商品细节图　　　B. 模特实拍图　　　C. 商品主图

4. （　　）设计要从客户角度出发，打消对于产品的顾虑，从而提高店铺的转化率。

  A. 商品详情页　　　B. 首页　　　　C. 分类页

5. （　　）就是店铺的形象所带给买家的感受。

  A. 辅助色　　　　B. 主色调　　　　C. 风格

二、判断题

1. 手机淘宝可以通过移动端的地理定位功能，展开具有针对性的精准营销活动。

（　　）

2. 如果访客平均价值比较高，那么该商品的销量以及利润都会很不错，就可以把该商品放在移动端进行售卖。

（　　）

3. 商品主图设计时添加的文字越多越好，能够突出自己商品的优势和特点。（　　）

4. 除了主色调外，店铺风格还需要辅助色来衬托，且辅助色仅能起到辅助作用。

（　　）

三、复习思考题

1. 手机淘宝商品热词的选择技巧有哪些？

2. 如何选择店铺主色调呢？

3. 怎样设计商品主图呢？

4. 如何对手机淘宝商品详情页进行设计，才能最大化地发挥其作用呢？

任务实训

实训目标

假设你在淘宝网开设了一个女包店铺，为了开展网上销售工作，你需要发布商品图片和热词信息，并进行店铺的交易管理。

实训要求

（1）准备高质量的商品图片，包括商品的整体图和细节图。

（2）选择手机淘宝商品热词，包括选择移动端热词及类目属性词、提示关键词组合、生意参谋后台关键词。

（3）设置店铺，包括店铺介绍和店标设计。

（4）进行商品交易，包括设置运费模板、在线发货、评价买家。

第6章 微信与微博营销

【学习目标】

◎ 了解微信和微信营销的优势。

◎ 掌握微信推广工具。

◎ 掌握微信营销的几种策略。

◎ 掌握微博营销方法。

随着移动互联网的迅速发展，腾讯团队开发出了微信这一移动互联网时代的沟通工具。借助移动互联网，企业之间的竞争已经从传统互联网转移到了移动端，人们从 PC 端解放出来，只要带上手机就可以随时随地通过移动互联网做生意。微信营销需求正呈现爆发式增长，很多企业都意识到微信中存在商机，正在搭建或准备搭建自己的微信公众平台。这不是跟风，而是移动互联网时代的必然趋势。微博营销也是目前很火的一种营销方式，其实用价值和潜力同样是十分巨大的。微博具有极快的传播速度，因而可以对企业营销产生很大的助力。

6.1 微信概述

作为移动互联网的重要入口，微信是智能手机用户的重要沟通工具。随着微信公众平台功能的不断完善及技术的提升，微信营销成为企业竞相角逐的新领地。尤其对于服务行业而言，微信营销不仅为企业拓展了新的营销渠道，节约了推广成本，还增强了用户线上线下的互动体验，推动了企业的发展。

从营销者的角度来看，微信是一个拥有多重"身份"的"人"，只有了解它的多面性，我们才能更好地掌握微信营销的技巧。

1. 微信是企业的"形象代表"

微信营销的主要任务就是彰显企业的品牌文化，有时，我们还要站在官方立场用微信发布一些重要决策。因此，微信营销要以庄重、正式等基调为主，避免哗众取宠。

2. 微信是企业的"公关代表"

微信除了承担向客户推送产品信息、与同行合作互推、开展营销活动等任务外，在遇到突发事件时，企业还要通过微信及时采取有效的应对措施。因此，营销者要具备敏锐的市场洞察力、强大的执行能力，这样才能充分发挥微信的公关价值。

3. 微信是得力的"营销专员"

微信能够通过投放广告，实现扩大产品宣传等营销目的。鉴于此，营销者可以借助微信平台开展多种营销活动。

4. 微信是企业的"售后服务专员"

利用微信的功能，营销者可以承担解决客户问题、搜集客户反馈等任务。营销者还可以通过微信平台建立良好的客户关系，这对企业的长远发展具有重要意义。

5. 微信是企业的"行政部经理"

微信对传播企业文化具有重要影响。营销者可以借助"企业周年庆"等特殊日子开展营销活动，使客户主动接受企业文化。

6. 微信是企业的"数据管理员"

微信可以为企业建立客户数据库。营销者可以根据微信后台数据进行统计分析，维系现有客户并挖掘潜在客户，打造庞大的客户群。

7. 微信是企业的"客座讲师"

微信能够凭借精彩的评论分析，为企业吸引一大批关注者。此外，营销者若是能在微信平台上分享一些品牌背后鲜为人知的小故事，不仅能让品牌形象深入人心，还可以增加客户的黏性。

这些都是微信潜在的营销"身份"，同时也是其基本营销功能的体现。如果企业能用营销者的眼光来看待微信，那么在移动互联网日益发展的今天，微信将成为企业培养客户、抢占市场的得力助手和低成本营销利器。

6.2　微信营销的优势

随着微信营销终端服务的发展，企业可以为不同行业和层次的客户提供更直接的服务或产品。微信营销改变的不仅仅是传统行业的营销方式，更重要的是企业的营销观念。

1. 微信平台优势

首先，相较于传统的社交平台，微信拥有海量用户，其传播范围十分广泛，这就为企业开展营销活动提供了很好的基础。其次，微信是一个非常方便的沟通工具，一对一沟通、一对多沟通等都可以轻松完成。最后，相较于单一的传统营销方式，微信营销更加多元化，企业可以利用语音和视频拉近和客户的距离，使营销活动变得更加生动、有趣，更利于营销活动的开展。

2. 边际价值优势

什么是边际价值呢？我们可以将其理解为金钱以外的关系价值。企业经营的基础就是与客户保持良好的关系，而关系往往是从销售结束后开始的，这就与传统销售的"一锤子买卖"

大相径庭。例如，当客户购买产品时，我们可以加他为微信好友，并在平时进行交流互动（朋友圈点赞、节假日祝福等），维持彼此间的友好关系，进而引发重复购买行为。

3. 低成本优势

微信营销所需成本很低，既不需要固定的经营场所，也不需要大量的资金投入，只需一台智能手机和一些空闲时间就足够了。这就为大学生、自由职业人员等提供了很好的创业机会。他们可以充分利用身边有限的资源实现自己的创业梦想。

4. 微信的传播到达率高

每一条微信信息都是以推送通知的形式发送的，企业所发布的每一条信息都会送达订阅用户手中，其传播到达率可以达到100%，高于微博。

微信关注的是人，人与人之间的交流才是这个平台的价值所在。微信基于朋友圈的营销，能够使营销转化率更高。

5. 实现精准营销

微信为什么能够实现精准营销呢？传统广告之所以不讨人喜欢，是因为在没有得到用户允许的情况下，传统广告给用户展示了他们不需要的内容。微信公众号通过许可营销的方式获得用户的关注，建立了一对一的推送通道。用户根据自己的需要自主选择关注或取消关注微信公众号，这在相当程度上保障了用户接收信息的有效性和真实性。

6.3 微信推广工具

微信推广工具有很多，微信平台中的小功能就是较为常见的推广工具，如"扫一扫""摇一摇""视频号""微商城""小程序"等。

6.3.1 扫一扫

相信微信用户对"二维码"并不陌生，它成功地打通了线上线下营销的壁垒，进一步拓宽了从线上到线下的营销模式。很多商家纷纷开始制作专属的二维码，并把它印刷在宣传单、广告牌、服装等物品上，或者发送到媒体平台上，从而吸引用户扫描，促使用户到实体店消费，达到增加销量的目的。如今，二维码已经涵盖了人们日常生活中的多种信息。那么，商家利用"扫一扫"进行营销的策略有哪些呢？

1. 嵌入广告

所谓嵌入广告，就是将二维码嵌入广告设计当中。很多商家也将二维码技术同广告宣传有机结合起来，用创新、互动的方式为传统广告增添新的生命力。以传统广告作为媒介，广告二维码利用新媒体技术承载了更多的广告信息，用户可以根据兴趣主动获取信息，而非强制被动地接收。商家将二维码嵌入广告中的方式不仅可以提升广告价值，也可以为微信公众号引来流量。

2. 连接平台

连接平台就是用户通过扫描二维码可以直接进入企业品牌平台。在这里，用户可以了解商品的各种信息，实现线上购物消费，非常方便。商家可以在地铁、公交或火车通道上投放二维码广告。人们在等车、乘车的时候通常会觉得无聊，利用这一时机，商家将商品信息与二维码相结合，就可以给潜在用户提供商品信息。扫描二维码可享受消费打折，扫描二维码送红包等是目前业内应用较为广泛的方式。比如，商家通过短信方式将电子优惠券、电子票发送到用户手机上，用户消费时只需要扫描二维码，并通过商家的识读终端扫码、验证，就可以得到优惠。图 6-1 所示为扫一扫二维码得到优惠。

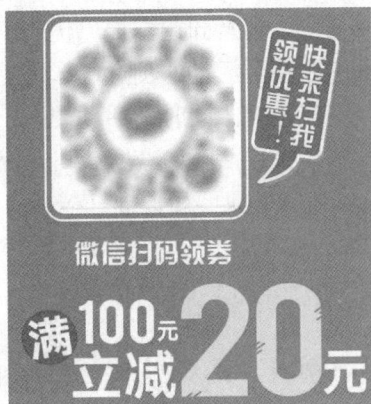

图 6-1　扫一扫二维码得到优惠

3. 视觉营销

二维码包装策略其实属于一种视觉营销，即通过改变二维码的外部包装设计来吸引用户，同时促使用户扫码。二维码并不一定非得是黑白相间的，商家可以通过视觉设计并结合产品内容和品牌元素来改变其形象。这样不仅可以使二维码更加生动形象，还能提高辨识度，让用户一眼就能认出品牌，从而实现视觉营销。

4. 线下活动

二维码因为需要介质推广，所以主要应用于线下。商家针对这一特点策划线下活动，往往会引来极高的流量。图 6-2 所示为别克扫码试驾活动。参与者除了可以获得活动免费赠送的精美礼品之外，更能在享受专业的试乘试驾服务中体验到别克汽车良好的性能和出色的品质。

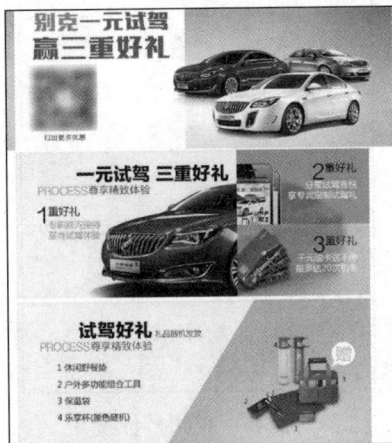

图 6-2　别克扫码试驾活动

6.3.2 摇一摇

摇一摇是指腾讯公司推出的微信内的一个随机交友应用，用户通过摇手机或点击按钮模拟摇一摇，可以匹配到同一时段触发该功能的微信用户，从而增加用户间的互动和提升用户黏性。摇一摇操作简单，趣味性高，影响范围大，效果显著。

摇一摇可连通微信公众平台和个人微信，在人气旺盛的核心商圈广场开展摇一摇活动，能迅速吸引市民前来参加，让参与者在活动中了解到推广信息。另外，商家通过摇一摇活动能迅速增加微信粉丝，收集用户信息，为意向用户提供优质的服务。

商家利用摇一摇进行活动推广要注重活动的创意性，因为摇一摇本身就带有游戏意味，所以活动越有创意，用户的参与度就越高。同时，活动要有一定的价值，除了好玩、吸引人之外，还要给用户带来价值。商家在设置活动内容时，可以添加促销、打折和赠送会员卡等优惠信息；同时还可以设置小礼品发放，只要用户摇一摇就有机会摇出"好处"。这样很容易就能吸引更多的用户前来。

6.3.3 视频号

视频号作为短视频领域中的新势力，虽然起步晚，起点却不低。它基于微信强大的社交属性及圈层差异，私域流量优势明显，用户定位精准，转化率高。视频号是一种全新的传播形态。它从私域走向公域，背靠微信12亿活跃用户，能够覆盖其他短视频平台没有覆盖的人群。同时，视频号可以直接转发到朋友圈、微信群、个人微信，可以与微信生态里的公众号、小程序、微信小商店、腾讯系直播平台等结合，帮助企业或个人构建"从公域到私域，再到公域"的流量生态闭环。这些都是抖音、快手等平台可望而不可即的。

视频号位于微信的"发现"界面，在"朋友圈"的下方，如图 6-3 所示。在微信推出的各项功能中，视频号的位置高于"扫一扫"，仅次于"朋友圈"，可见微信平台对视频号还是非常重视的。

图 6-3　视频号位置

点击进入视频号主页面后，视频会自动循环播放，双击可以点赞。针对感兴趣的短视频，用户可以进行"发送给朋友""分享到朋友圈""收藏"等操作。

视频号主页包括"关注""朋友""推荐"3个板块，如图6-4所示。

图 6-4 视频号主页

在"关注"板块里，用户可以看到自己主动关注的账号发布的视频。

在"朋友"板块里，用户可以看到微信好友点赞评论过的视频。

在"推荐"板块里，用户可以看到系统随机推荐的视频。

对于任何平台来说，一旦没有互动，就意味着没有用户留存，平台也就失去了生命力。在大部分用户形成了在视频号评论区互动的习惯后，转发功能将同时支持将短视频转发给微信好友，以及转发到微信群和朋友圈。

6.3.4 微商城

微商城是一款基于微信的社会化电子商务系统，是集传统互联网、移动互联网、微信商城等为一体的企业购物系统。通过微商城平台，客户可以实现商品查询、体验、互动、订购与支付的线上线下一体化的服务模式。微商城可以和微信公众号进行对接，微信公众号粉丝就是潜在客户，其宣传方法以微信公众号推送的商品信息、广告为主。微商城是一个需要时间、耐心经营才能产生效益的平台。

微商城的流量基于微信庞大的终端资源，商家通过向绑定微商城的微信账号推送消息来引入流量。商家可以通过微信公众号信息的共享、传播、推送来引起客户兴趣，增加客户黏度。微信公众号可以有效针对目标客户进行营销，而且可以缩短客户与商家的情感距离，使客户对商家产生信任感。

6.3.5 小程序

小程序是一种不需要下载安装即可使用的应用，它实现了应用"触手可及"的梦想，用户扫一扫或搜一下即可打开应用。利用小程序，应用将

微信小程序

无处不在，随时可用，但又无须安装和卸载。对于开发者而言，小程序的开发门槛相对较低，开发难度不及 App，但能够满足基础应用，适合生活服务类线下商铺及非刚需低频应用的转换。小程序已经成为当下非常受关注的一种营销工具，如图 6-5 所示。

图 6-5　小程序

作为围绕微信打造的生态工具，小程序逐渐被更多的行业所青睐。由于小程序的普及，很多商家也加入了小程序营销的热潮。那么，商家如何利用小程序进行营销呢？

1. 共享裂变式

小程序营销可以依靠微信群这一入口，用户将小程序分享至微信群，可协助商家得到潜在流量和曝光度，也扩大了小程序的应用范围。

商家可以根据主题活动、社群营销应用等，有策略地引导用户开展自发的传播和共享，造成社交裂变，不断提升用户黏性。

2. 附近的小程序

附近的小程序是微信小程序一个特有的流量获取来源，可以将商家周边 5 千米以内的用户利用起来。用户能够随时根据小程序查询和发现周边的小程序，了解周边商店的情况，直接在手机上查看商品清单，甚至可以直接下单支付，具有极高的便利性。

3. 善用微信公众号的关联功能

目前，每个小程序可以与 500 个微信公众号关联。商家有两种方法可以利用此功能：一是与尽可能多的公司的特定小程序关联，此方法特别适用于具有许多商店小程序的商家；二是将小程序交换到其他微信公众号，这通常被称为"相互推动"。

6.4　微信营销

微信营销的渠道主要包括朋友圈、微信群、微信公众号等。它们都以微信的社交体系为载体，通过引流用户、发展粉丝来实现精准销售。下面介绍这几种渠道的微信营销。

6.4.1　朋友圈营销

对于微信营销者来说，维系与客户的关系有时比销售还要重要。因为从某种意义上说，微信营销其实就是在维系关系，而朋友圈就是微信营销者维系关系、开展营销活动的重要阵地。既然朋友圈如此重要，那么我们应该如何进行朋友圈营销呢？

1．做好定位

微信营销者首先必须清楚自己的定位，朋友圈定位精准，客户群体才精准，转化率才高。

很多人在朋友圈卖产品是因为自己或公司有产品要出售。若属于这种情况，那么就要用产品去反推，从而定位目标人群。例如，中年男子在自己的朋友圈卖面膜、内衣等女性用品，往往很难成功。

2．品牌策略

塑造品牌不仅是大企业该做的事，微信营销者也要塑造属于自己的个人品牌，并努力让客户认可这个品牌，这样才能起到很好的营销推广效果。具体做法是，微信营销者在朋友圈多发一些有关个人生活状态、感悟类的信息，体现出积极的、正能量的一面，这样才有利于塑造个人品牌。

3．情感营销

情感营销的关键是先通过各种方式与客户沟通交流，等到客户产生足够的好感之后，再循序渐进地开展营销活动。需要注意的是，微信营销者发送产品推广信息要注意时机，既不要选择在客户很忙的时段发送，也不要一次性大量发送，以免客户反感。

4．及时分享

如果客户购买了产品，微信营销者要及时在朋友圈中分享相关信息。这样做的目的是使其他客户意识到该产品销量好，并且能够给客户提供很好的购物体验，从而激发其他客户的购买欲望，产生更多的购买行为。此外，分享时要注意将订单信息、对话信息等发送出去，以此增强售卖信息的真实性。微信营销者可以通过一定的激励方式，鼓励客户分享转发。

5．引出讨论话题

微信营销者要想成交产品，首先要吸引客户关注，此时可以先设计一个话题，让大家讨论，引起客户的兴趣。例如，售卖护肤类产品的微信营销者在秋冬季的时候可以发一条朋友圈，设计一个话题——秋冬季补水为什么会过敏？有了话题后，一定要让尽可能多的客户参与讨论，只有客户参与进来，才有可能成交产品。微信营销者可以提前设计好几条讨论的内容，引导更多的客户参与。

6．互动交流

微信营销者要多关注客户的朋友圈信息，及时对他们所发的信息进行点赞和评论，主动参与客户在朋友圈发起的活动，并在节假日送上祝福。这样做很容易收获客户的好感，使他们更愿意购买产品。

7．注重感恩

一旦客户产生购买行为，不管交易额大小和交易数量多少，微信营销者都要表示感谢，而且建议在朋友圈中公开表示感谢。这样做能够凸显出感恩心理，更容易得到客户的认可和支持，进而产生很好的宣传推广效果。

6.4.2 微信群营销

微信群是从事微信营销的一个必备工具，用好微信群可以实现销售额快速增长，用不好则无法获得营销效果。要想让微信群发挥最大的作用，就需要我们做好微信群营销。

那么，如何开展微信群营销呢？以下几个方面需要我们注意。

1. 制定群规则

群主在建群之初，就要制定微信群的相关规则（如讨论时间范围、主题限定、禁忌用语等），将其发到微信群里让所有成员看到，然后在群运营过程中定期重复发送，并号召所有成员严格遵守。这样做可以很好地规范成员的行为，引导整个微信群实现健康发展。

2. 定时发送热点类话题和干货文章

微信群是否有价值，在很大程度上取决于群成员的活跃程度。而若想实现较高的活跃度，就需要群主定时发送一些热点类话题和干货文章。因为热点类话题很容易引发持续性的讨论，而干货文章则会吸引大量成员的关注和兴趣，二者都可以起到提高活跃度的作用。

3. 发展积极分子

几乎每个微信群中都会存在一些积极分子。他们的数量一般不多，但却是微信群内真正的活跃者和骨干。他们往往具有助人为乐、勇于发问、耐心解答问题等优秀特质。群主应该重点关注这些积极分子，并努力争取他们的支持，这对于管理微信群、提升微信群的价值很有助益。

4. 主动制造吸睛点

微信营销者可以通过制造噱头的方式吸引群成员的注意，进而加强群成员间的互动。例如，某微信群内有3～5人发布"群主太给力啦，笑话太逗啦"，就会有很多人询问到底是什么笑话，如此便很容易建立良好的互动环境。

除此之外，微信营销者还可以举办各种线上、线下活动，这些都可以起到不错的"养群"效果。微信营销者需要根据自身情况，不断开发新的"养群"方式，以便更好地挖掘微信群的潜力，达到更好的营销目的。

5. 通过微信红包互动

微信红包是加速微信群互动的催化剂，是维护微信群的必备技能。微信营销者可以用抢红包的方式来聚合群成员，提升群的活跃度，促进群成员之间的交流。如果刚加入微信群，微信营销者可以发一个红包，然后做一个自我介绍，这样微信群里的气氛很快就会热起来。微信营销者如果直接在群里发广告，即便发的是软文，也会使不少群成员反感。这时可以先发红包，每个红包都可以附带软文广告，这样做一般不会被移出群聊，因为虽然是打广告，但是微信群里的气氛被调动起来了。

6. 严禁拉人和进行广告推销

建立微信群很容易，维持下去却很难。其中很重要的原因就是无限制地拉人和铺天盖地的广告影响了微信群的健康发展。群主应该制定严格的群规则和成员准入标准，禁止群成员随意拉人和发送群内广告，一经触犯立即移出群。这样做才能从源头上杜绝此类不良行为，使微信群能够在健康发展的道路上走得更远。

7. 建立不同的微信客户群

微信营销者可以根据自身的需求，建立不同的微信客户群。例如，针对普通客户和忠诚客户可以分别建立一个微信群。但是，一般微信群都同时包含了新老客户，老客户可以起到为新客户解惑、调动群内的气氛等作用，同时还能激起新客户的购买欲望。

6.4.3 微信公众号营销

微信公众平台是腾讯以微信为基础而增加的功能平台，无论是个人还是企业，都可以在微信公众平台上申请一个微信公众号。微信公众号可以实现一对多的传播，使得内容和信息的到达率更高，它是企业进行推广的有力武器。下面介绍微信公众号的营销技巧。

1. 以客户的需求为出发点

微信营销者要结合企业的实际情况，研究客户的喜好，获取客户的好感。例如，销售化妆品的企业可以准备一些有关护肤技巧、化妆技巧等内容的文章，这样不仅能够让客户感兴趣，还能够巧妙地把产品信息植入其中。图 6-6 所示为植入产品信息。

2. 利用二维码做好线下推广

未来二维码会和企业 Logo 一样，成为一个企业的身份标签。所以在线下利用二维码做好微信公众号的推广，是企业必须重视的。企业可以在产品包装、户外广告、小礼品等眼睛能够看得见的地方都印上二维码，借此进行线下推广，如图 6-7 所示。

图 6-6 植入产品信息

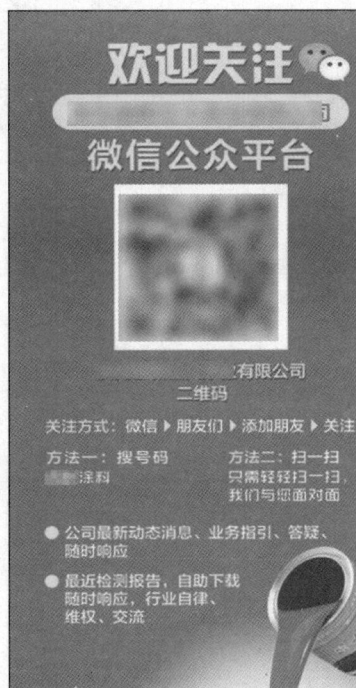

图 6-7 进行线下推广

3. 内容为王的微信时代

微信营销者对于平时推送的内容要进行深度策划，一词一句地进行推敲，无论是文案还是美工都要进行修饰，千万不要推送一些粗制滥造的内容给客户。

4. "阅读原文"巧利用

"阅读原文"是非常重要的给企业网站吸引流量的工具，客户通过这个链接可以了解到企业网站更多的资讯和信息。微信公众号成了企业网站的一个重要的流量入口，但前提是微信公众号的内容确实让客户有阅读的兴趣。图 6-8 所示为文章底部的"阅读原文"链接。

5. 善用微信"数据统计"

"数据统计"可以为很多运营问题的解决提供参考。微信公众平台现在自带数据分析工具，微信营销者可以通过这个工具查看信息送达率、阅读状况、分享状况等。当然，微信营销者仅仅依靠这些数据是不够的，还要根据实际运营中的销售情况分析转化率、成交率等，进行全盘考虑。

6. 二次开发很重要

微信公众号本身的功能有很大的局限性，但腾讯开放了微信的应用程序接口，可以实现二次开发。这样就能够避免微信账号过于格式化，不能展现企业的特色。如果企业没有微信二次开发的能力，可以将其外包给相关的微信开发服务商，如图 6-9 所示。

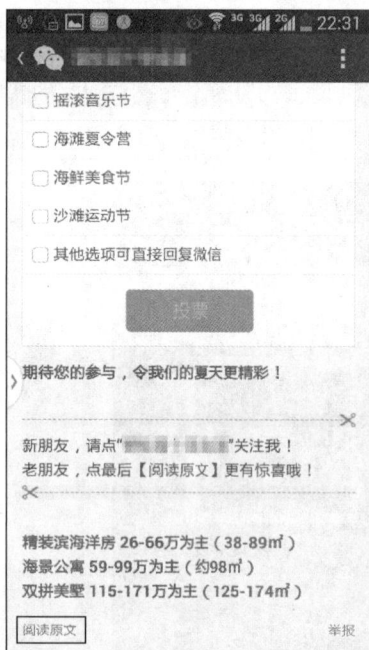

图 6-8　文章底部的"阅读原文"链接

图 6-9　微信开发服务商

6.5　微博营销

微博营销以微博作为营销平台，每一个用户都是潜在的营销对象，企业通过更新自己的微博内容向用户传播企业信息、产品信息，树立良好的企业形象和产品形象。那么具体该从哪些方面利用微博进行营销呢？

6.5.1 微博营销的定义与特点

微博营销是指通过微博平台为商家、个人等创造价值而执行的一种营销方式，也是指商家或个人通过微博平台发现并满足用户的各类需求的商业行为。

微博营销是目前很火的一种营销方式，其实用价值和潜力十分巨大。微博具有极快的传播速度，因而可以为企业营销提供很大的助力。微博营销具有以下特点。

1. 多种技术

微博营销者可以借助多种技术手段，通过文字、图片、视频等展现形式对产品进行介绍，从而方便潜在用户获取信息。

2. 传播速度快

传播速度快是微博的显著特征。一条热度高的微博文案一经发出，短时间内就可以抵达微博世界的每一个角落。

3. 便捷性

微博营销优于传统推广，无须严格审批，从而节约了大量的时间和成本。

4. 广泛性

微博营销文案通过博主的粉丝大量转发，可以进行广泛传播；同时，各网络名人的转发能使其传播范围更广。

5. 效率高

微博信息发布操作简单，效率高，并且能帮助博主和用户快速建立一个互相了解的通道。

6.5.2 微博营销方法

很多人利用微博推广自己的产品。那么，微博营销有哪些方法呢？

1. 关注竞争对手动态

微博营销者要多关注竞争对手的动态，设法从竞争对手那里发现目标客户。例如，企业可以直接关注竞争对手的微博，多与其粉丝进行互动，并建立起长期的信任关系，从而将竞争对手的粉丝转化成自己的客户。

2. 关注相关热点话题

微博营销者平时要多关注与自己的产品相关的热点话题，然后留意跟自己一样关注这些话题的人。这些人往往都是潜在客户，微博营销者应尝试与他们取得联系并建立友好关系，这样就可以获得一批目标客户。

3. 利用微博相册推广产品

微博营销者可以将企业的产品上传到微博相册，并为每张图片添加 Logo，以吸引客户注意。相册不能只放产品图片，也要放一些笑话、风景美图等。浏览微博相册的人多了，产品曝光率自然就高了。图 6-10 所示为利用微博相册推广产品。

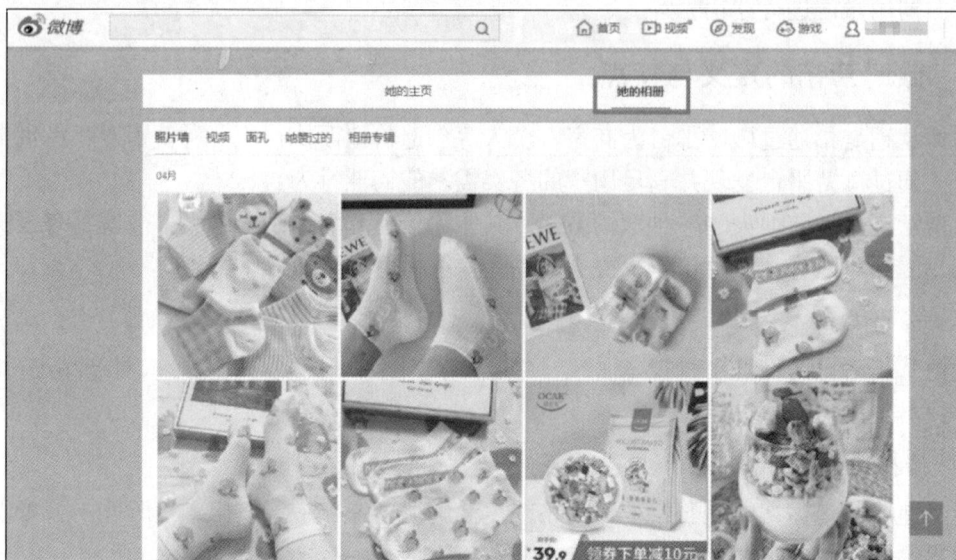

图 6-10　利用微博相册推广产品

4. 参与互动交流

微博营销者要多参与微博互动，找到相关行业的热门微博，观察转发和评论该微博的人，从这些人入手同样可以获得目标客户。微博营销者可以多做调查，关注一些相关人群。但注意不要一开始就发硬广告，这样容易让对方反感。微博营销者平时可以多发表一些积极向上的评论，在和客户的关系较为稳固后，就可以将新的产品信息或优惠活动发送给他们，从而建立起长期的互动关系。

5. 提高自己的身份

微博世界里有很多"群"，熟悉的人或者一个圈子的人往往会经常聚在一起群聊。这个时候，如果身份相对"显赫"，自然很容易成为"舆论领袖"。所以，微博营销者要想获得更多的粉丝关注，首先得提高自己的身份。

6. 定期更新微博信息

微博的热度和关注度来自微博的可持续话题，微博营销者只有不断制造新的话题，发布与企业相关的信息，才可能吸引目标客户的关注。微博营销者要想吸引客户长期关注，必须定期更新微博，这样才能保证微博营销的可持续发展。

7. 善于回复粉丝的评论

微博营销者要经常查看自己粉丝的评论，并积极和粉丝互动，拉近和粉丝之间的距离。如果微博营销者想获取更多评论，就要以积极的态度去对待评论，回复评论也是对粉丝的一种尊重。图 6-11 所示为回复粉丝评论。

8. 学会使用私信

与微博信息的文字限制相比较，私信可以容纳更多的文字。只要对方是你的粉丝，你就可以通过发私信的方式传递给对方更多内容。因为私信可以保护收信人和发信人，所以举办活动时，发私信的方式会显得更尊重粉丝。

图 6-11　回复粉丝评论

9. 发布广告需要一定的技巧

有的微博内容很直接，天天发布大量产品信息或广告宣传等内容，没有自己的特色。这种微博很难吸引粉丝关注。

微博营销者在发布产品信息时，措辞要含蓄，尽可能地把广告嵌入有价值的内容当中。这样既能起到宣传产品的作用，又因为能为粉丝提供有价值的内容而不会让粉丝感到厌恶。这样的广告具有一定的隐蔽性，所以转发率更高，营销效果也更好。

6.5.3　微博营销活动的形式

很多商家通过微博营销活动来让自己获得更多回报，如增长粉丝、增强粉丝黏性、提升品牌好感度。微博营销活动的形式有很多，下面总结了一些常见的微博营销活动形式。

1. 问答型微博营销活动

这是微博平台早期常用的活动形式，通常是博主提出问题并给出答案，粉丝在评论里进行选择并转发，适用于活动主题、品牌知识的传播。图 6-12 所示就是典型的问答型微博营销活动。

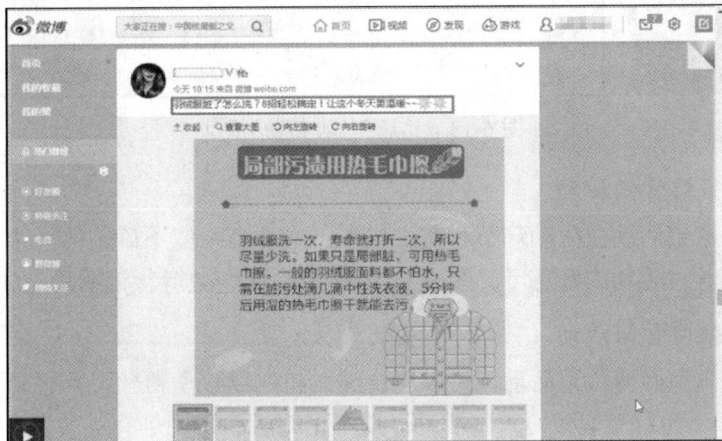

图 6-12　问答型微博营销活动

2. 游戏型微博营销活动

游戏型微博营销活动可以通过文字、图片承载游戏的形式与粉丝进行互动。目前来说，游戏型微博营销活动是比较受欢迎的一种活动形式，粉丝能够通过参与活动获得娱乐的乐趣。

3. 投票型微博营销活动

投票型微博营销活动对粉丝来说是一种简单的自我表达和社交形式。它具有参与门槛低、观点鲜明、易于传播的特性，一经推出，就受到粉丝和商家的青睐，适用于促销推广、网络调查等。

4. 话题型微博营销活动

话题型微博营销活动即发起话题吸引粉丝参与和分享，通常会配合一些奖励机制。由于话题参与的形式简单、可参与性强，它已成为目前微博上常见的营销活动类型。其参与方式包括转发+评论、评论等。图6-13所示为话题型微博营销活动。

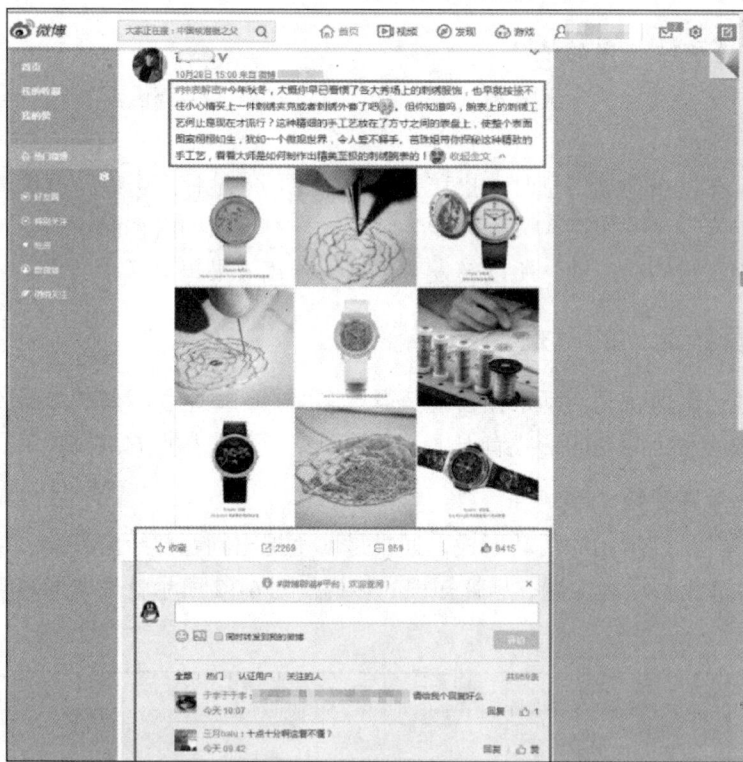

图 6-13　话题型微博营销活动

5. 惊喜型微博营销活动

惊喜型微博营销活动在活动环节和奖励机制上设置有一些不确定的元素，以增强活动的趣味性，增加粉丝对活动的好感度。图6-14所示为惊喜型微博营销活动。

6. 悬念型微博营销活动

博主发起悬念型微博营销活动，可以配合奖励机制以吸引粉丝参与，从而有助于活动的推进。图6-15所示为悬念型微博营销活动。其常见的活动方式是有奖转发，因为活动目的是增加粉丝关注，所以切勿把规则设置得太复杂，不然会很难吸引粉丝参与。

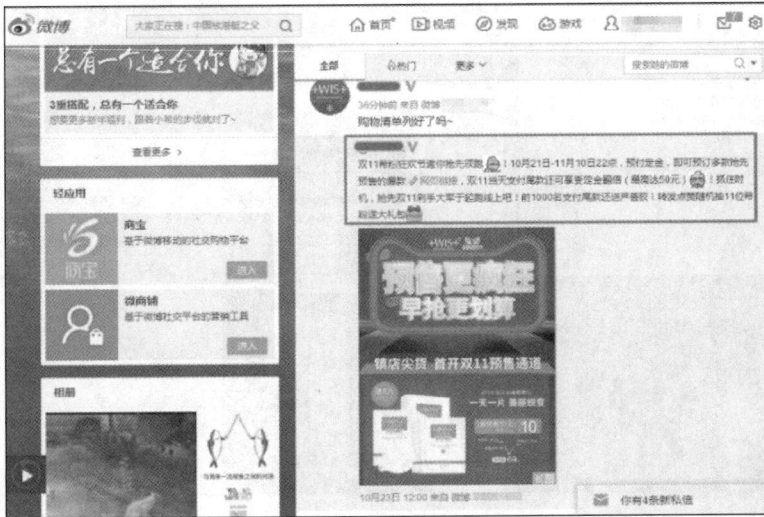

图 6-14　惊喜型微博营销活动

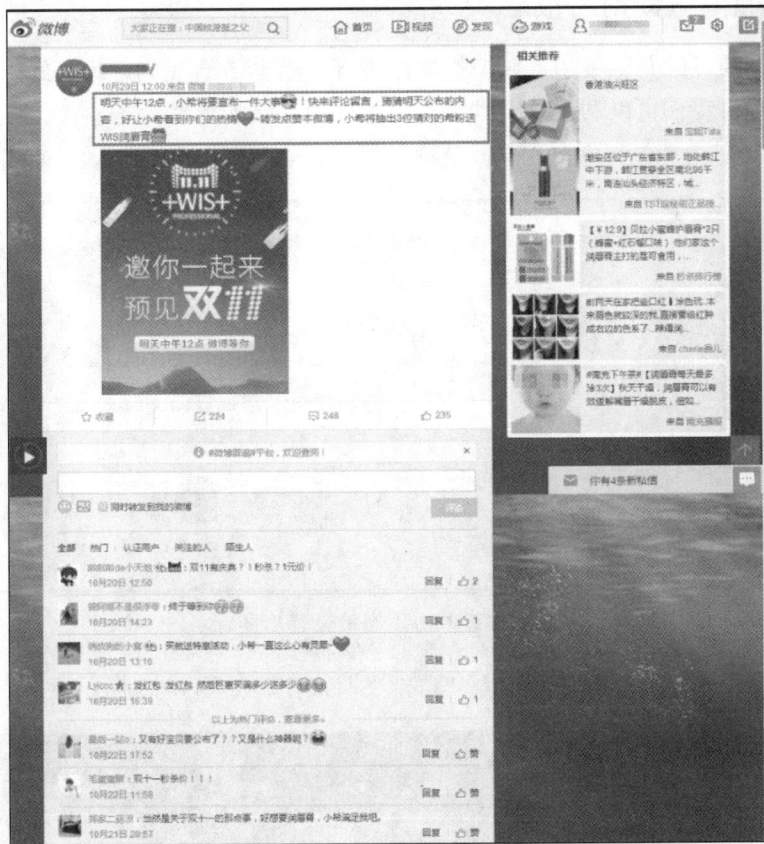

图 6-15　悬念型微博营销活动

7. 抢购活动型微博营销活动

博主可以推出限时限量免费抢购活动，在一定程度上激发粉丝参与的积极性。图 6-16 所示为抢购活动型微博营销活动。

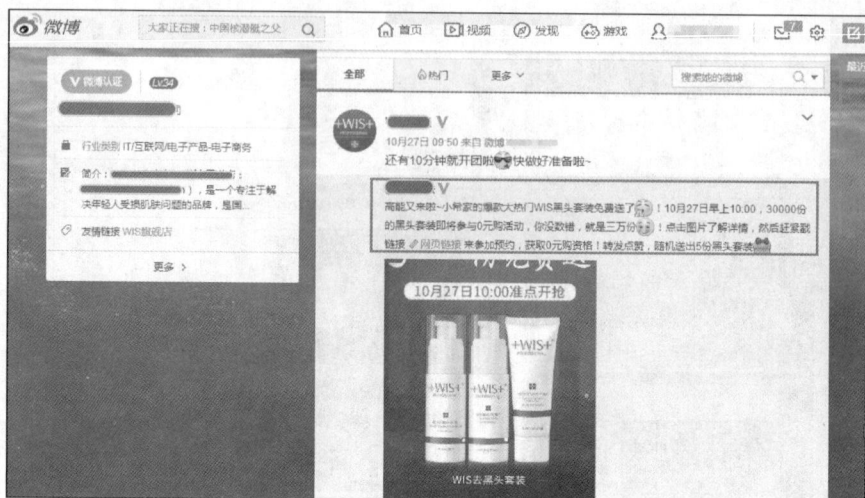

图 6-16　抢购活动型微博营销活动

6.5.4　利用微博做促销海报

微博是一个很好的营销渠道，微博推广做得好，就会带给我们意想不到的流量。目前微博增加了头顶栏，我们可以利用这个功能，增加属于自己的促销海报栏。

（1）单击个人首页右上角的"模板设置"图标，如图 6-17 所示。

图 6-17　单击"模板设置"图标

（2）进入模板选择页面，然后单击"自定义"按钮，如图 6-18 所示。

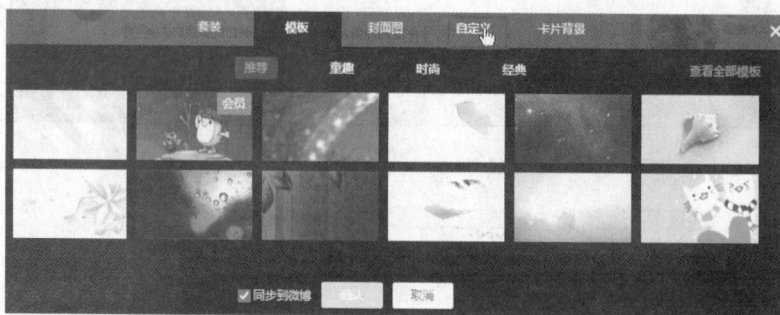

图 6-18　单击"自定义"按钮

（3）进入"自定义"页面，单击"自定义背景"按钮，如图 6-19 所示，然后单击"上传图片"按钮。

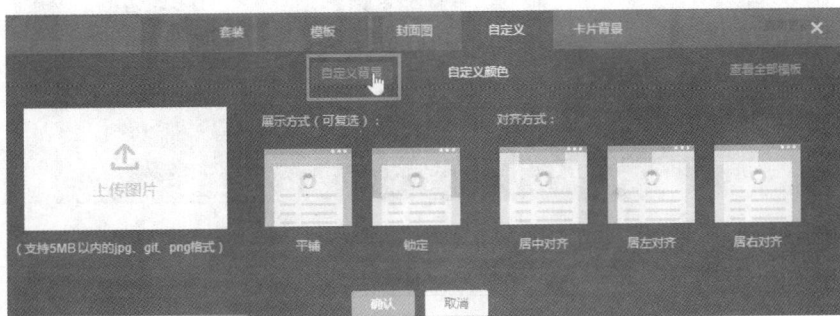

图 6-19　单击"自定义背景"按钮

（4）弹出"打开"对话框，选择要上传的文件，如图 6-20 所示，选择后单击"打开"按钮。

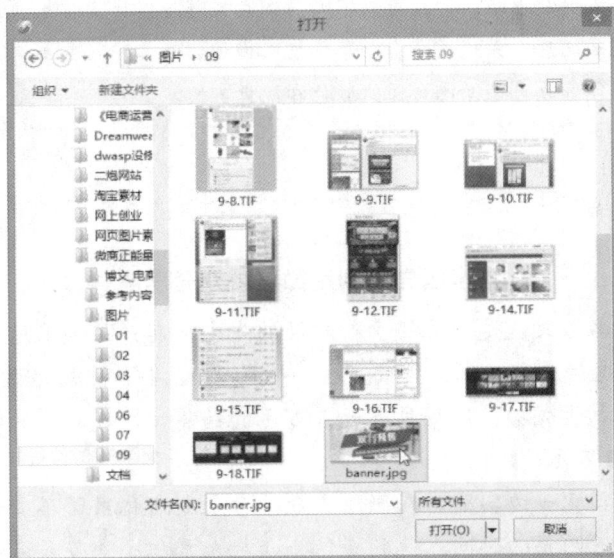

图 6-20　选择要上传的文件

（5）上传文件后的页面如图 6-21 所示，然后单击"确认"按钮。

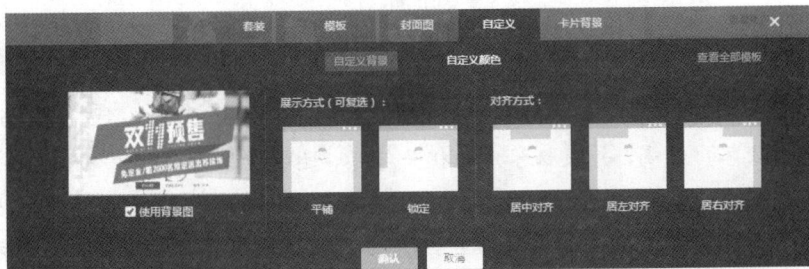

图 6-21　上传文件后的页面

（6）此时可以看到在微博顶部添加了促销海报，如图 6-22 所示。

图 6-22　促销海报

📖 **小提示**

　　我们不仅可以设置促销海报，而且可以把产品图片或想要传递的信息通过自定义模板做免费的微博营销。设置完成之后，系统还会自动帮你发布微博，通知粉丝你更换了新的海报，宣传功能显而易见。我们还能修改自己微博页面的颜色和配色方案。

案例分析

糯米酒先生利用微信公众号卖酒

　　糯米酒先生，顾名思义这是一位售卖糯米酒的先生，其产品是采用传统纯手工工艺酿造的客家土楼糯米酒。这位来自客家土楼的先生，早在 2012 年 8 月就开通了微信公众号，在半年多的时间里获得了初步成功。他每月有近 5 万元的销售额，在旺季的时候，糯米酒每个月的销售额能够达到 20 万元。

　　糯米酒先生一边摸索一边实践，在微信公众平台上渐渐积累了不少粉丝，也打响了客家土楼糯米酒的名声。近两年的时间，他的微信公众号也累积了 4 万多名粉丝，而这些粉丝转化为实际购买群体的比例很高，有 3 万多名粉丝曾购买过他的糯米酒。

　　糯米酒先生是怎样利用微信公众号卖酒的呢？

　　（1）2012 年 8 月，他开通了微信公众号，好奇心驱使他主动添加附近的人。而由于办公地点在厦门的中央商务区，他最初主动添加的好友大多是具有一定购买力的高级白领。他在聊天的过程中无意提及了自己家的糯米酒，竟做成了一笔生意。

　　（2）他特别制作了一张印有二维码的名片，邀请有意向的客户在微信上"互粉"。

　　（3）他免费让客户试喝，并获取客户的相关信息，还会适度与他们互动，了解客户的反馈。接受了试喝邀请的人中，有 80% 的人最终会转化为实际购买的客户。通过这样的方式，他在最初的几个月时间里获得了 400 多位忠实客户，并与他们在微信公众号上建立了互动关系。

　　（4）他不放过任何一个曝光自己微信公众号的机会，当客户来电咨询时，他会直接告知自己的微信公众号，邀请客户关注，还利用折扣、抽奖或线下体验等方式吸引客户关注。同时，他给所有产品的标签都印上了二维码。

（5）他根据客户购买的金额对客户进行分组，如把累计购买100元、500元、1000元等的客户分在不同的组别，根据金额的不同赠送不同的礼品。礼品受到客户的喜爱后，他们会自发在朋友圈中进行传播，从而达到进一步推广品牌的目的。

（6）在线下，由于酿酒厂就位于永定客家土楼这个风景优美的地方，他经常组织土楼体验活动，召集微信粉丝来客家土楼旅游，参观酿酒的过程等。而在参观的过程中，大部分客户都会买些产品带回家。

思考题：

（1）糯米酒先生微信公众号营销成功的原因有哪些？

（2）糯米酒先生是怎样利用微信卖酒的？

【成功原因解析】

对于创业者来说，微信公众号不仅是与客户进行联系的工具，还是营销的平台。在这个平台上，创业者可以大力推广品牌、扩大产品影响力，吸引更多粉丝进行关注与分享，从而成功拓展企业的营销圈子。创业者可以充分利用微信公众号营销成本低、操作方便、营销方向精准等特点，实现快速盈利的目的，从而最大限度地增加创业成功的可能性。

练习与思考

一、选择题

1.（　　）基于微信强大的社交属性及圈层差异，私域流量优势明显，用户定位精准，转化率高。

　　A．视频号　　　　B．扫一扫　　　　C．摇一摇

2.（　　）是一种不需要下载安装即可使用的应用，它实现了应用"触手可及"的梦想，用户扫一扫或搜一下即可打开应用。

　　A．视频号　　　　B．微信小程序　　　C．微商城

3.（　　）通常是博主提出问题并给出答案，粉丝在评论里进行选择并转发，较常用于活动主题、品牌知识的传播。

　　A．问答型　　　　B．游戏型　　　　C．话题型

4.（　　）微博活动在活动环节和奖励机制上设置一些不确定的元素，增强活动的趣味性，增加粉丝对活动的好感度。

　　A．问答型　　　　B．投票型　　　　C．惊喜型

5.所谓（　　）就是将二维码嵌入广告设计当中。很多商家也将二维码技术同广告宣传有机结合起来，用创新、互动的方式为传统广告增添新的生命力。

　　A．视觉营销　　　B．嵌入广告　　　C．二维码营销

二、判断题

1.微信基于朋友圈的营销，能够使营销转化率更高，能够实现精准营销。　　（　　）

2.将二维码嵌入广告中的方式不仅可以提高广告价值，也可以为公众号引来流量。

（　　）

3．二维码只能是黑白相间图案，不能通过视觉设计并结合产品内容和品牌元素来改变其形象。 （　　）

4．若想实现较高的活跃度，就需要群主定时发送一些热点类话题和干货文章。（　　）

三、复习思考题

1．微信营销的优势有哪些？

2．利用"扫一扫"扫描二维码进行营销的策略有哪些？

3．如何利用小程序进行营销？

4．如何进行朋友圈营销？

5．如何开展微信群营销？

6．简述微博营销的定义与特点。

7．微博营销有哪些方法？

任务实训

实训目标

假设你是一位企业领导，你需要通过一个微信公众号开展营销工作，推广自己的企业。

实训要求

（1）策划活动，提高客户的忠实度，如借助节日进行促销推广，开展抽奖活动等。

（2）在微信公众平台上向客户推送有价值、有创意、趣味性强的内容，并掌握好推送频率。

（3）注重和客户的交流互动，将关键词回复和人工客服结合起来，为客户提供及时、贴心的服务。

（4）开展新颖的线下活动，在线下分发印有二维码的宣传单，发展更多的线下客户。

第 7 章　App 营销

【学习目标】

◎　了解 App 营销的定义、App 营销的特点。
◎　掌握 App 推广方法。
◎　掌握 App 运营实战方法。
◎　掌握移动广告营销相关内容。

随着智能手机的推广，App 数量不断增加并呈现爆炸式增长。在这种背景下，App 营销市场也得到了极大的发展。下面将介绍如何利用 App 达到推广营销的目的。

7.1　App 营销概述

近些年来，随着移动电商的迅速发展，各种功能的 App 不断出现。它们极大地丰富和方便了人们的工作和生活，改变了现有的社会生活方式。App 营销在未来依然有很大的潜力可挖掘，属于它的开发蓝海已然显现。

7.1.1　App 营销的定义

App 营销是指应用程序营销，即通过智能手机、平板电脑等移动终端上的各种应用程序而开展的企业营销活动。在 App 营销中，App 是营销的载体和渠道。

App 已经成为一款高效的传播载体，可以为企业和客户的团购业务提供专业和高效率的服务，并能改变行业的传统推广和交易模式，开拓出全新的营销渠道。因此，App 将有很大的发展空间，会为移动电商创造出巨大的经济效益。只要移动电商企业坚持实践、不断创新，App 就能为其创造巨大的利益。

App 能带来什么呢？

（1）精准的目标人群定位。

（2）便捷的销售服务体验，精确的营销数据统计。

（3）App 营销是依靠用户自己下载并进行互动的，所以更容易达到传播效果，其可信度高，用户黏性强。

（4）优惠券、会员卡、微博分享、微信互动、一键拨号、路径指引等均可实现。

（5）丰富的产品展现形式，全面展示产品信息，刺激用户的购买欲望。

（6）实时交流和反馈，随时服务，网上订购。

7.1.2 App 营销的特点

App 营销有什么特点呢？

1. 成本低

App 营销与网络、电视、报纸等的营销相比，成本较低。企业只需要设法开发属于自己的品牌应用，虽然开发后期可能需要一定的成本费用，但相比较而言整体成本更低，推广效果也更好。

2. 信息全

App 可以将产品信息完全展示出来，在用户心中树立起好的形象，因此更容易激起用户的购买欲望。

3. 回馈及时

用户可以通过 App 进行网上订购，而企业可以与用户进行交流与反馈。手机网络使用户与企业之间的交流更加通畅，有助于企业掌握用户对产品的喜爱或厌恶程度，对产品未来的规划和设计有一定的促进作用。

4. 更精准

App 营销有助于企业掌握用户的详细资料，实现精准投放广告，让广告效果最大化。企业可以利用市场定位技术、数据库技术、网络通信技术和高度分散的物流手段来与用户进行个性化沟通，这样的营销效果更加精准可控。

5. 黏性强

App 本身的实用价值非常高，一旦用户下载了 App，通常会形成定期做任务的习惯，因此用户黏性很强。

6. 个性化

个体需求的差异化催生出了 App 设计的个性化。App 集个性化设计、多样化产品展示方式、丰富的娱乐互动功能于一体，是开展个性化营销的不二选择。是否满足用户的个性化需求，已成为 App 能否从众多同质应用中脱颖而出的重要因素。

7.2 App 推广方法

App 的推广方法有很多，主要包括线上推广、口碑传播、合作推广和付费推广。

7.2.1 线上推广

常见的线上推广渠道有以下几种。

App 推广方法

1. 基础渠道推广

基础渠道包括安卓 App Store 渠道、运营商渠道、PC 端网络推广渠道、Web 下载站、iOS 版本发布渠道等。

（1）安卓 App Store 渠道，包括腾讯、阿里系、华为、小米、联想、酷派、Google Play、安智、百度手机助手、手机管家等。

（2）运营商渠道，包括 MM 社区、沃商店、天翼空间、华为智汇云、腾讯应用宝等。图 7-1 所示的应用宝是腾讯应用中心专为智能手机用户打造的一个手机应用获取平台。

（3）PC 端网络推广渠道，包括百度应用、软件管家等。

（4）Web 下载站，包括天空下载、太平洋下载中心、非凡软件下载等。

（5）iOS 版本发布渠道，包括 App Store、91 助手、同步推、快用苹果助手、爱思助手等。

图 7-1 应用宝

2. 第三方商店推广

第三方商店成为很多 App 的流量入口，全国有数百家第三方商店。资金充足的情况下，企业可以在其中投放一些广告。

3. 积分墙推广

"积分墙"是除"广告条""插屏广告"外，第三方移动广告平台提供给应用开发者的另一种新型移动广告盈利模式。积分墙的"墙"是指集中展示的广告，而"积分"就是用户通过点击广告得到一定的积分，然后在应用中消费这些积分。开发者也可以通过用户对广告的点击，从广告商那里得到广告费。

4. 互联网开放平台推广

App 被提交到互联网开放平台（如腾讯开放平台、360 开放平台、百度开放平台等）后，可以带给用户不同的体验。

5. 刷榜推广

App Store 是搜索和下载 App 的平台，App Store 中有将近 200 万款 App，是安全可靠、值得信赖的平台。大部分苹果手机用户都会使用 App Store 下载 App。图 7-2 所示为 App Store 排行榜。

图 7-2　App Store 排行榜

6. 广告平台推广

网络广告对于企业吸引流量、提高产品知名度都很有成效，但是成本较高。企业投放网络广告需要耗费大量资金，尤其是在知名的互联网平台和流量超大的门户网站中投放广告。

7.2.2　口碑传播

在大多数领域，口碑传播都能产生巨大的效应。因为在众多可选择的产品中，用户不可能把每一个产品都体验一下，所以他们更愿意相信身边朋友的推荐，通过别人的经验来帮助自己筛选符合需求的 App。

在 App 营销的所有推广方式当中，用户的口碑传播非常有效且不需要任何成本。它主要是通过用户的口口相传，为 App 赢得良好的口碑，从而影响更多用户。

> 📖 **小提示**
>
> 在开始口碑传播和推广之前，企业首先要保证自己的 App 是优质的，否则很容易将资源浪费在一个没有质量保证的 App 上。只有优质的 App 才能够为用户创造价值，能够方便用户，为用户解决问题，用户才会向亲人和朋友推荐这款 App，希望它也能够帮助到自己身边的亲人和朋友。

图 7-3 所示为用户下载 App 的几种动机，从中可以看到用户口碑传播的重要性。

哪些口碑传播方式可以帮助企业推广 App 呢？

1. App 有独特的卖点

App 有独特的卖点是形成口碑传播的前提，这样用户在向其他人介绍的时候才有推荐依据，才能吸引更多的用户。例如，如果目标用户经常出差，那么 App 就要包含：航班、火车等交通信息介绍的功能，这样 App 更容易受到用户的青睐。

用户下载App的动机

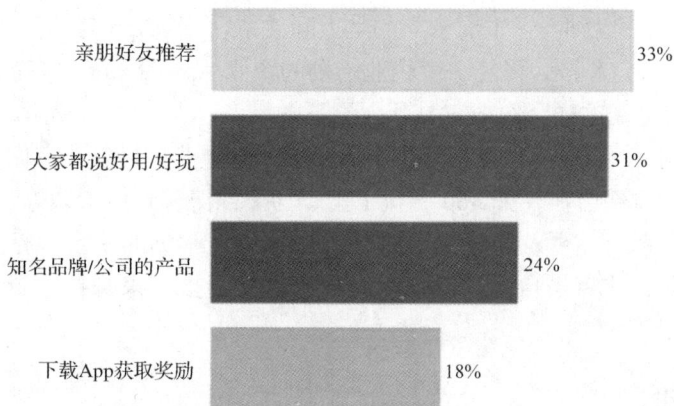

亲朋好友推荐 — 33%

大家都说好用/好玩 — 31%

知名品牌/公司的产品 — 24%

下载App获取奖励 — 18%

注：因为用户的动机选择不止一项，所以总比例大于100%。

图 7-3　用户下载 App 的几种动机

2．设置邀请好友激励机制

用户一般很少主动分享一个 App，所以企业可以通过邀请、奖励的机制激励用户进行分享。现在流行的共享单车 App 大多都采用了邀请新用户赠送优惠券等方式吸引用户的参与。图 7-4 所示为邀请好友送 5 张免费骑车券。

图 7-4　邀请好友送 5 张免费骑车券

3．通过 UGC 达到口碑营销效果

很多 App 都会通过用户生成内容（User Generated Content，UGC）开展口碑传播。有数据显示，在全球 20 多个品牌的搜索结果中，有 25% 的搜索量来自 UGC。UGC 来源于产品用户，这些用户在使用 App 时不仅能获得自身的满足感，还乐于将这些产品分享给亲朋好友，从而带来更多的新用户。

4．增加"分享至社交平台"功能

互联网时代的口碑传播主要依靠社交平台分享。为了方便用户分享，企业在设计 App 时就应该强调分享这一功能。分享方式一定要便捷，否则很容易流失用户。

5．重视传统推广渠道

传统推广渠道的影响力虽然有所下降，但企业仍然很有必要利用这一渠道。传统推广渠道包括电视广告、广播广告、广告牌等。企业可以通过一些高收视的节目进行推广，但广告内容一定要有新意。这类广告的优势在于新颖，有吸引力，容易为 App 带来新用户。

7.2.3 合作推广

合作推广即换量互推，它主要依靠的是人际关系，企业 App 与其他 App 实行一比一换量。但推广的结果不一定相同，可能一家企业给别的企业 App 带来了较多的流量，而自己只能得到相对较少的流量，这样合作很容易开展不下去。

另外，合作推广不一定非得和某一个 App 合作，企业还可以找专门推荐 App 的软件或含有 App 推荐栏的软件合作，如 360 手机卫士、马海祥博客软件下载等。

除此之外，企业还可以通过平台进行合作推广，常见的平台包括友盟等。同时，企业也可以付费推广，或者当自己足够强大时可以靠换量推广来赚钱。腾讯应用中心就是典型的代表。

7.2.4 付费推广

付费推广可以是内置付费推广，还可以是按量来付费，同时也能进行广告联盟推广。很多创业者在 App 还未盈利时，为了获得用户而盲目地使用付费推广，这种做法其实不太理智，除非创业者营销能力强且推广极具创意，或者是在进行了基础推广之后再进行付费推广。盈利模式较好的 App 则可以选择付费推广。

App 的推广模式有很多，企业可以交叉进行。只要有好的品牌和营销意识，找到自己的推广点和目标人群，企业就可以精准地实行推广策略了。

目前来看，投放信息流广告也是效益不错的一个推广渠道。信息流广告的特点是算法推荐、原生体验，企业可以根据投放人群的年龄、地域、职业、收入、终端设备等标签进行定向投放，根据用户的需求定制化推广 App。

📖 **小提示**

由于目前 App 推广成本越来越高，企业选择付费推广 App 需要多注意收益率，同时渠道再多也要做好效果监测和试错筛选工作。只有适合自己的，才是最有效的。

7.3 App 运营实战

对一款 App 而言，开发只是第一步，比开发更难的是后续的运营和推广。从 App 运营体系层面来说，App 运营主要包括内容运营、活动运营、用户运营、渠道运营等。

App 运营实战

7.3.1 内容运营

内容运营是指通过创造、编辑、组织 App 内容，从而提高产品的内容价值，制造出增强用户黏性及活跃度的运营内容。好的内容能够提升 App 的价值，增强用户的黏性，并且能够活跃用户。一款好的 App 不仅本身功能要好，而且还要有好的内容。企业通过挖掘、策划，创造出有价值的、高质量的内容，从而对运营的效果产生巨大的影响。

要做好 App 内容运营，企业需要完成以下步骤。

（1）搭建内容框架。企业在 App 上线之前就应该对 App 进行内容填充。

（2）持续更新内容。企业应建立持续的推送机制，了解推送的内容是否受到用户喜欢、是否对用户有帮助。

7.3.2　活动运营

活动运营多是指针对用户的促销活动，是为了活跃用户，延长 App 用户的停留时间。此时，企业在 App 中投放活动广告是很常见的，常见的投放位置包括 App 启动页、横幅图等。当用户打开 App 之后，首先会看到启动页广告图；进入 App 首页后，会看到横幅图。企业在投放活动广告的时候，一定要在最明显的位置去展示活动。图 7-5 所示为某 App 开展的"全场满 299 元减 150 元"的活动运营。

图 7-5　活动运营

有的企业在推广 App 时开展了大量的活动，但最后还是损失了很多流量，其主要原因是没有做到精准化活动推送。例如，某次活动针对的是女性用户，如果采取撒网式的推送，对于男性用户来说就会感觉内容跟他们无关，他们也许会对 App 产生不好的印象，甚至直接卸载 App。因此，进行活动运营时精准定位用户是非常重要的。

7.3.3　用户运营

用户运营主要依托用户需求，企业通过制定各种运营策略来提高用户数据指标。用户运营的最终目的是提高用户留存率，实现用户变现营收。App 用户运营主要包括用户拉新、提高用户留存率、提高用户活跃度几个方面。

1. 用户拉新

用户拉新是指把 App 推广出去，进行品牌曝光，从而提高 App 的下载量和注册量。

2. 提高用户留存率

用户留存率是所有 App 产品上线后运营的重要性指标，如日留存、周留存、月留存，甚至是半年留存、年留存。对于 App 应用运营来说，可以从以下几个方面来提高留存率。

（1）做好新用户的引导。新用户首次使用 App 时，对于产品的功能和使用方法了解不够，因此做好新用户的引导非常重要。

（2）App 功能必须简单，能解决用户痛点。如果企业的 App 没有吸引人的功能点，就不会吸引用户继续使用。所以，企业的 App 要想提高用户留存率，就要把 App 功能做得简单，能解决用户痛点。

（3）关注用户反馈。企业要想解决 App 用户流失的问题，就需要 App 运营多关注用户反馈和收集用户需求，然后针对性地去解决收集到的问题，提高用户参与感和用户关注度。

3. 提高用户活跃度

留存率稳定后，企业 App 还需要提高用户活跃度。

（1）策划活动。活动是提高用户活跃度比较好的一种方式，不管是线上活动或者是线下活动。活动的内容形式也可以多样化，既可以根据重要节假日、热点进行活动策划，也可以通过日常性的活动来提高用户活跃度。日常性活动，如签到、登录后获取积分、优惠券等。

App 开发的签到功能，其主要目的就是提高用户活跃度。用户签到完毕之后，通常会得到相应的奖励。例如，每签到 1 天，可获得 1 元；连续签到 10 天，自动有货币奖励；但是只要有 1 天漏签，之前签到所获得的货币金额就会清零。签到功能的使用，提高了 App 用户的活跃度，用户打开了 App，看到心仪的优惠活动，就会有很大可能下单购买商品。图 7-6 所示为用户签到。

图 7-6　用户签到

（2）制定用户激励体制。用户激励是 App 运营工作中非常重要的一部分，以使其做出符合运营预期的行为。预期行为可以是发帖、互动和消费等，企业需要根据自己的 App 业务场景进行预期。用户激励体制，可以从物质激励、精神激励、功能激励 3 个方面制定。

7.3.4　渠道运营

渠道运营是利用一切可以利用的资源和流量为产品带来销量的手段，企业通过渠道推广 App，可以达到品牌曝光、获取流量和资源的效果。企业可以通过不同的渠道运营方式带来更多的下载量，比较常用的渠道运营方式有免费渠道、付费渠道、圈内人的推荐、用户口碑等，这些渠道运营方式都是比较常见的。

如果想要更好地进行 App 产品推广，企业就需要了解每一类 App 推广渠道的规则，明确产品推广的时机。

7.4　移动广告营销

移动广告营销

移动广告就是我们在使用智能手机、平板电脑等移动设备对移动网页或移动应用进行访问时，屏幕所显示的广告。这些广告的形式多种多样，如图片、文字、链接、视频、插播广告等。企业在开展经营活动时，可以借助移动广告的营销宣传作用对自己的产品或服务进行广泛宣传。

7.4.1 移动广告的优势

相对于传统广告来说，移动广告的优势很明显，具体如下。

1. 受众范围广

移动广告不受时空限制，传播范围极广。移动广告通过国际互联网，可以 24 小时不间断地把广告信息传播到世界各地。只要具备上网条件，任何人都可以随时随地浏览广告信息。

2. 交互性强

交互性是互联网络媒体的一大优势，它不同于其他媒体信息的单向传播，而是信息互动传播。在网络上，当用户获取他们认为有用的信息时，商家也可以随时得到宝贵的用户反馈信息。用户只需简单地点击链接，就可以从商家的相关站点中得到更多、更详尽的信息。

另外，用户可以通过广告位直接填写并提交在线表单信息，商家可以随时得到宝贵的用户反馈信息，从而进一步缩短了商家和用户之间的距离。同时，移动广告可以满足进一步的产品查询需求。

3. 受众数量统计精确

商家可通过权威、公正的访客流量统计系统，精确统计出每个广告的受众数，以及这些受众查阅的时间和地域分布。借助分析工具，广告的成效更易体现，用户群体更加清晰易辨，广告行为收益也能得到准确计量，从而使商家能够正确评估广告效果，制定广告投放策略。

4. 感官性强

传统媒体是二维的，而移动广告则是多维的。移动广告的载体包括多媒体、超文本格式文件等，它们能将文字、图像和声音有机地组合在一起，传递多感官的信息，让用户身临其境般体验产品、服务与品牌。

5. 及时性

智能手机具有可随身携带的特性，用户可以随时随地上网，浏览其所关心的信息。而商家就可以根据这一特性，及时有效地发布移动广告信息，使用户能够在第一时间看到。

6. 扩散性

通过微信、短信、微博等不同方式，用户可以把自己觉得有用的移动广告及时转发出去，在自己的圈子中产生扩散传播效应，引发较大的反响。

7.4.2　移动广告的类型

　　移动广告按照不同维度可以分成不同的类型，目前大致可以划分为图片类移动广告、富媒体类移动广告、视频类移动广告、原生移动广告等。不同形式的移动广告的效果也各有不同。

　　1. 图片类移动广告

　　图片类移动广告目前较为普遍，它能够在短时间内吸引用户关注。图片类移动广告的形式主要有 3 种。

　　第一种是 Banner 广告，即横幅广告。它可以是 GIF 格式的图像文件，也可以使用静态图形，这种广告形式通常在 App 的底部或者顶部出现。图 7-7 所示为 Banner 广告。

图 7-7　Banner 广告

　　第二种是插屏广告。它的图片丰富绚丽，并且能够展现其应用特点，一般会在 App 开启、暂停、退出时以半屏或全屏的形式弹出，巧妙地避免了影响用户对 App 的正常体验。插屏广告因其点击率高、转化好，深受广告主的喜爱，而极具优势的广告单价也让插屏广告的开发者获取了较多收益。

　　第三种是开屏广告。它会在用户打开 App 页面时以全屏方式出现 3～5 秒，既可以是静态的页面展示，也可以是动态的 Flash 效果。开屏广告对于广告主来说，是一种广告效果很好的广告形式，在广告发布页面里的出现频率较高。

作为移动端的黄金广告位，开屏广告也在第一时间抢占了用户的注意力。图 7-8 所示为开屏广告。

2. 富媒体类移动广告

富媒体类移动广告融合视频、音频及互动于一体，将网络广告的形式提升到一种新境界。它包含下列常见的某一种形式或是几种形式的组合，即流媒体、声音、Flash 以及 Java、JavaScript、DHTML 等程序设计语言。富媒体类移动广告的创新性和互动性使广告点击率显著提高。调查数据显示，富媒体类移动广告的平均点击率是其他广告的 5 倍。越来越多的人逐渐意识到富媒体类移动广告的现实功效，开始利用富媒体制作优秀的广告来吸引在线受众，促进产品销售。

图 7-8　开屏广告

3. 视频类移动广告

视频类移动广告是在移动设备内进行的插播视频的广告形式。视频类移动广告主要应用于各种移动应用，如电子书、手游、工具类软件等，以及一些移动设备上的视频播放器。图 7-9 所示为视频类移动广告。

4. 原生移动广告

原生移动广告是移动广告中比较新颖的广告形式。国内外原生移动广告的发展还处于萌芽阶段，对原生移动广告并没有一个精确的定义。原生移动广告将广告从内容和形式上加以改造，使广告融合了 App 的主内容，提高了广告的命中率和用户体验。它力求实现广告主的营销效果、媒体商业化、客户体验三方共赢。原生移动广告或将成为移动应用的主流广告模式之一。图 7-10 所示为原生移动广告。

图 7-9　视频类移动广告

图 7-10　原生移动广告

7.4.3 移动广告的优化平台

目前，移动广告正处于迅猛发展阶段，它之所以能发展如此迅速，正是因为其新颖、内容为王的原创广告形式突破了营销瓶颈。移动广告有很多优化平台，它们为广告主提供了专业化的管理平台，能够使广告主更容易进行精准、高效的广告投放，取得可观的广告收益。下面是几种典型的移动广告优化平台。

1. 芒果移动广告优化平台

芒果移动广告优化平台是移动广告聚合平台，它整合了国内外 30 多家主流移动广告平台，同时从填充率、点击率、热门度等多方面时时监测各移动广告平台的使用情况，为众多 App 企业带来合适的广告，在提升点击率的同时也提升了广告收入。

自动优化的算法是基于芒果移动广告优化平台 3 年来超过 3000 亿次的移动广告展示、点击和受众行为的分析数据而形成的，根据 App 的类别、特点并结合设备、地域和受众特性等多方面数据，尽量为每一次广告请求匹配适合的广告展示。

开屏广告、信息流广告、积分墙广告等层出不穷的移动广告形式带来了新鲜的客户体验，也为 App 开发者带来了获取更高的广告收入的可能性。

2. AdView 移动广告优化平台

AdView 移动广告优化平台是国内好用、高效的移动广告聚合接入和智能优化服务提供商，它整合了国内外多家主流移动广告平台资源，为 Android、iOS 开发者提供一站式移动广告聚合接入、智能优化、客户分析、自助推广等解决方案。它帮助开发者植入不同的广告平台，提高广告普及率，从而实现广告收益的最大化。图 7-11 所示为 AdView 移动广告优化平台。

有精准客户定位的移动广告点击单价更高，AdView 的移动广告智能优化系统可以帮助开发者在 App 中优先播放最匹配该客户特性的精准广告。精准定位投放能提升客户对广告的认可度，提升客户的使用体验，有效地提高点击率，增加开发者的移动广告收入。

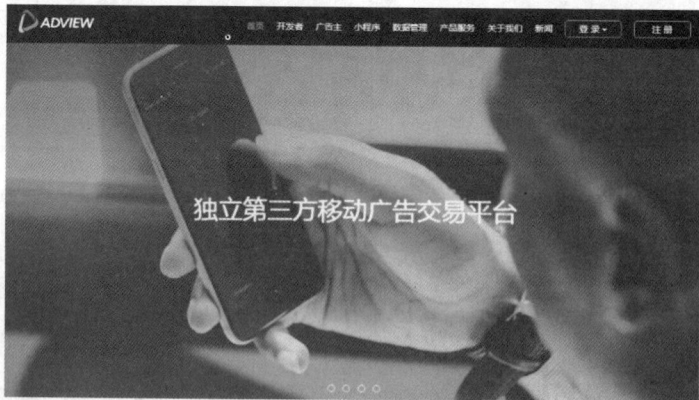

图 7-11　AdView 移动广告优化平台

3. 阿里妈妈

阿里妈妈依托集团核心的商业数据和超级媒体矩阵，为客户提供全链路的客户运营解决方案，让商业营销更简单高效。阿里妈妈和阿里巴巴的 B2B 系统类似，是个广告位供需双方的沟通平台。网站把自己的广告位列出来，让广告主来挑选，看到合适的就进行交易。它把广告位作为一种商品来销售，明码标价，各取所需。如果你拥有一个网站或博客，并且有管理的权限，你就可以注册阿里妈妈销售广告位。如果你是一个广告主，你也可以在阿里妈妈挑选适合的广告位来投放广告。

〜〜〜〜〜 案例分析

生活休闲类 App 引流

美团、大众点评、百度糯米、墨迹天气、化妆宝典等 App，都是生活休闲类 App。这些 App 的分类很广泛，既有团购类，如美团、大众点评，也有生活服务类，如墨迹天气、化妆宝典。它们几乎囊括了生活中的衣食住行等各个方面。这类 App 引流的模式主要在于评价互动。例如，用户在美团申请一个带有微信号的账号，在团购消费美食后及时给出评价，与网友进行交流互动等。评价引流的关键就在于回复的内容是否精彩，是否对其他用户有帮助。所以，一个字的"顶、赞"等无法起到很好的引流效果，言之有物才能吸引其他用户的关注。当评价越来越多时，用户账号等级也会逐渐提升，同时吸引许多用户成为自己的粉丝，这样也能起到引流的效果。

互联网发展到今天，尽管各类网站、App 众多，但是它们的基本架构和模式都非常统一。我们只要掌握了如何设置账号、如何回复、如何提问等，无论我们在哪里，都可以通过 PC 端、移动端进行轻松引流。

思考题：

（1）生活类 App 如何引流？

（2）分析一下生活中我们遇到的 App 能给人们带来什么。

【成功原因解析】

与纯互联网商品不同，生活服务类 App 在商业模式上偏重于线下消费、线上交易，这些 App 面向的目标群体通常都在线下的特定场所消费，目标用户容易被定位，且容易进行针对性的推广。企业可以采用评价引流，因为好的评价可以坚定客户下单的决心，差评可能直接让客户不再选择此商品，特别是新客户，它们往往是通过评价来决定是否要购买商品的。

📖 练习与思考

一、选择题

1．（　　）包括 MM 社区、沃商店、天翼空间、华为智汇云、腾讯应用宝等。

    A．运营商渠道　　　B．AppStore 渠道　　C．第三方商店

2．App 被提交到（　　），如腾讯开放平台、360 开放平台、百度开放平台等，可以给用户带来不同的体验。

    A．运营商渠道　　　B．积分墙　　　　　C．互联网开放平台

3．在 App 所有的营销推广方式当中，用户的（　　）非常有效，且不需要任何成本，它主要是通过用户的口口相传，为 App 赢得了良好的口碑，从而影响更多用户。

    A．口碑传播　　　　B．合作推广　　　　C．付费推广

4.（　　）是指通过创造、编辑、组织 App 内容，从而提高产品的内容价值，制造出提升用户黏性及活跃度的运营内容。

    A．活动运营　　　　　B．内容运营　　　　　C．用户运营

5．App 的（　　）更多是针对用户的促销活动，是为了活跃用户、延长 App 用户的停留时间。

    A．渠道运营　　　　　B．内容运营　　　　　C．活动运营

二、判断题

1．App 营销是依靠用户自己下载并进行互动的，更加容易达到传播效果。　　　（　　　）

2．App 营销与网络、电视和报纸等营销相比，成本较高。　　　（　　　）

3．App 营销可以根据用户的使用习惯掌握用户的详细资料，从而精准投放广告。

    （　　　）

4．App 可以选择付费推广，投入越多，推广效果越好。　　　（　　　）

5．App 用户运营主要就是依托用户需求，制定各种运营策略去提高用户数据指标。

    （　　　）

三、复习思考题

1．什么是 App 营销？

2．App 营销有什么特点？

3．哪些口碑传播方式可以帮助企业推广 App？

4．怎样做好 App 内容运营？

5．移动广告的优势有哪些？

任务实训

实训目标

开发 App 仅仅是第一步，企业将 App 开发出来以后，还需要对其进行推广才能成功实现转化，为企业带来理想的收益。下面通过实训掌握常见的 App 推广营销方法。

实训要求

（1）线上推广。常见推广渠道包括安卓 AppStore 渠道、运营商渠道、第三方商店、积分墙、互联网开放平台等。

（2）口碑传播。我们可以采用邀请好友激励机制、通过 UGC 开展口碑传播、增加"分享至社交平台"功能、重视传统推广渠道等方式。

（3）合作推广。我们可以找专门软件下载平台，通过与他们合作进行推广。

第8章 移动支付

【学习目标】

◎ 了解移动支付的定义和特点。
◎ 掌握移动支付的主要支付方式。
◎ 掌握移动支付的主要运营模式。
◎ 掌握移动支付的工具。
◎ 掌握移动支付的流程。

几年前，人们使用手机主要是为了打电话或发短信，而移动互联网的发展及智能手机的普及，使得支付宝和微信等手机 App 出现在人们的视野中，同时也极大地改变了人们的生活。移动支付使人们的消费模式发生了全新的改变。如今，我们可以不用携带钱包或任何银行卡，只要有手机，不管是购物、吃饭还是看电影，都可以轻松实现网上支付。

8.1 移动支付的定义和特点

移动支付是指交易双方利用移动终端设备来交换某种货物或服务的商业交易。用于移动支付的移动终端既可以是手机，也可以是 PDA 或移动计算机等。

移动支付的定义

移动支付具有以下特点。

（1）支付便利。和目前已有的其他支付方式相比，移动支付具有较大的便利性。客户可以随时随地通过手机进行各种支付活动，并对个人账户进行查询、转账、充值等功能的管理，也可以随时了解自己的消费信息。这为客户的生活提供了极大的便利，也更方便客户管理个人账户。图 8-1 所示为微信支付。

（2）安全性高。移动支付借鉴目前移动通信网络系统的鉴权、认证体系以及交互式操作，极大地提高了支付的安全性和可靠性。

（3）成本低。相对于其他支付手段，移动支付的成本较低，容易大规模推广。

（4）具有巨大的潜在市场。目前移动用户的数量巨大，他们都是移动支付的潜在客户，因此移动支付具有广阔的发展前景。

图 8-1　微信支付

8.2　移动支付的支付方式

我们平时所说的移动支付大多是指手机支付，也就是买卖双方利用手机或者相关支付设备，在流量和网络信号的支持下进行交易。移动支付有多种形式，不同形式的实现方式也不尽相同。移动支付既可以按照支付价值的大小分类，也可以按照交易所处的地理位置划分，还可以根据业务种类的不同划分。

那么，我们常用的移动支付方式有哪些呢？

1. 扫码支付

作为目前热度较高的支付方式，扫码支付是在账户体系的基础上搭建而成的。常见的扫码支付方式包括支付宝扫码和微信扫码等。卖方将账号和价格等信息编成二维码，买方只需要通过手机扫码就可以实现交易支付，卖方根据交易信息就可以为买方进行配货和送货。图8-2所示为微信扫码支付。

图 8-2　微信扫码支付

2. 指纹支付

指纹支付就是利用指纹系统来进行消费认证。我们只要利用指纹在指纹消费折扣联盟平台注册成为会员，就可以轻松使用指纹来进行支付了，如图 8-3 所示。指纹具有独特性和唯一性，因此指纹支付广受追捧；但我们的指纹又可能出现在任何地方，所以也有一定的危险性。

图 8-3　指纹支付

3. 条码支付

条码支付适用于需要对接各类商家系统、对账需求强的商家，如大型商超、连锁品牌等。商家需使用扫码枪等条码识别设备，扫描客户支付宝钱包上的条码完成收款；客户仅需出示付款码，所有收款操作由商家端完成。图 8-4 所示为条码支付。

图 8-4　条码支付

4. 近场支付

近场支付是指在进行商品或服务的交易时，我们可以利用手机直接在线下向商家进行支付，无须使用移动网络。近场支付利用手机射频、红外线和蓝牙等方式，使得手机与自动售货机和 POS 机实现本地通信。

手机射频即近距离无线通信，其作为近场支付的主流方式，使电子设备之间实现了非接触点对点的数据传输和数据交换，是一种高频无线短距离通信技术。图 8-5 所示为近场支付。

图 8-5　近场支付

5. 远程支付

远程支付是以发送支付指令或利用支付工具进行的支付。典型的远程支付流程是，客户通过移动终端在电子商务网站购买产品后，按照商家提供的付款界面，跳转至手机银行或第三方移动支付页面完成支付。图 8-6 所示为远程支付。

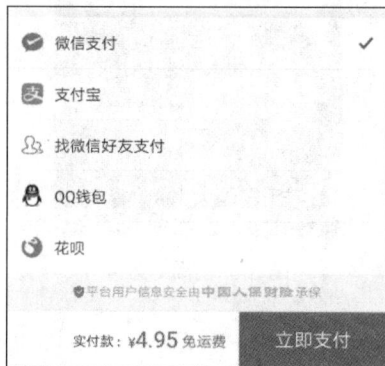

图 8-6　远程支付

8.3　移动支付的运营模式

移动支付是以无线通信技术作为数据传播的手段，实现交易资金的转移。它使支付方式摆脱了互联网线路的制约，可以在任何时间、任何地点为用户提供方便又快捷的支付方式。

8.3.1　移动运营商为运营主体的模式

移动运营商为运营主体的模式如图 8-7 所示。这种模式拥有的手机用户群基数极其庞大，计费和用户服务系统比较成熟，容易把握受众群、细分市场，支持各种手机业务收费模式，能有效地开展移动多媒体广播业务。它以用户手机话费账户或专门的小额账户为基础，用户所发生的移动支付交易费用全部可以从中扣除。但如果移动运营商缺乏金融行业的运营经验，角色定位不清楚，大额交易可能会与国家金融政策相冲突，且税务处理复杂，某些业务无法出具发票。

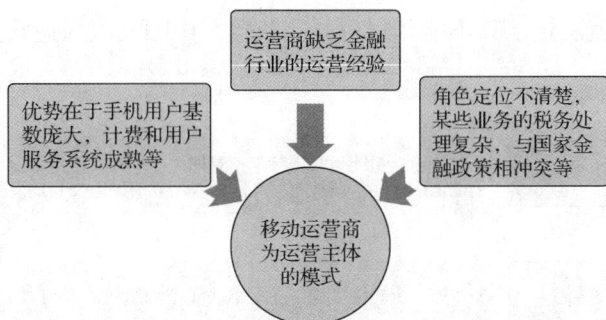

图 8-7　移动运营商为运营主体的模式

8.3.2　银行为运营主体的模式

银行为运营主体的模式通过专线与移动通信网络实现互联，使用户的手机账户和银行账户互相建立起来联系。这样，用户可以通过银行账户进行移动支付。移动运营商为双方提供了一条信息通道与相关的内容服务，不参与支付过程，而通过银行提供的交易平台和付款途径，用户可以进行移动支付。

这种模式下，银行具有强大的资本实力，在营业网点规模和分布、营销宣传等方面显示出较强的实力。银行只是把移动运营商的网络当作一条通道，并不受到其他各方的制约，因而支付业务灵活多变。但这种模式下银行只能为自己的用户提供服务，不同银行之间不能实现跨行互联互通。如果没有移动运营商提供的通道，用户要办理业务只能亲自持卡到银行柜台办理。图 8-8 所示是银行为运营主体的模式的优势和劣势。

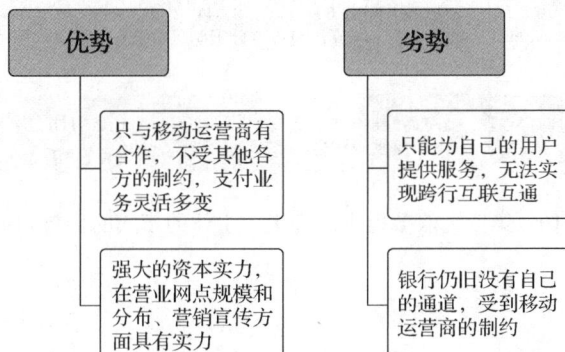

图 8-8　银行为运营主体的模式的优势和劣势

8.3.3　中国银联为运营主体的模式

中国银联为运营主体的模式不同于商业银行移动运营商+银行的模式。中国银联独立于银行与移动运营商，但它作为银行卡交换信息的金融机构，覆盖了全国的银行卡信息，也就意味着持卡人所需要的统一、普适化的服务是由所有商业银行提供的。通过中国银联的交易平台，用户可以获得跨银行移动支付服务。

中国银联的优势在于联结了各大银行的银行卡信息网络，优化了移动运营商和银行之间的环节，加上有国家支持的背景，使用户更加信赖和青睐中国银联，但它同样有缺陷。首先，作为转接机构的中国银联无法直接掌握持卡人资源和商户资源，对移动运营商和银行没有直接影响力，它的体制就决定了其不能和银行共同获益。中国银联为运营主体的模式的优势和劣势如图8-9所示。

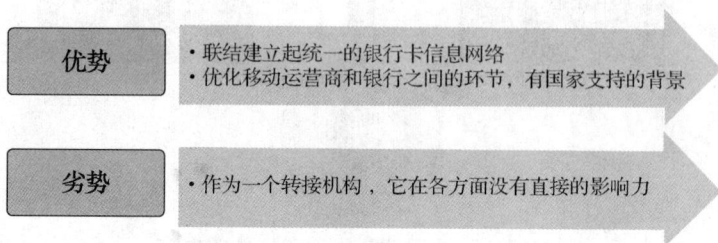

优势
- 联结建立起统一的银行卡信息网络
- 优化移动运营商和银行之间的环节，有国家支持的背景

劣势
- 作为一个转接机构，它在各方面没有直接的影响力

图8-9 中国银联为运营主体的模式的优势和劣势

8.3.4 第三方服务提供商为运营主体的模式

第三方服务提供商独立于银行、中国银联、移动运营商。它的移动支付业务的主要特点是以中国银联为主要支持方，银行和移动运营商合作，第三方服务提供商则在一旁协助，统筹各个环节，使各方分工明确、责任到位。第三方服务提供商虽然协调了各个环节之间的关系，却为自己增加了处理各种复杂关系的负担。尤其是对于刚起步的第三方服务提供商而言，它们在市场推广、技术研发、资金运作等方面面临较大困难。而目前，我国第三方服务提供商整体上还处于被监管的地位，开展这种复杂的整合工作会显得力不从心，难以推进。第三方服务提供商为运营主体的模式的优势和劣势如图8-10所示。

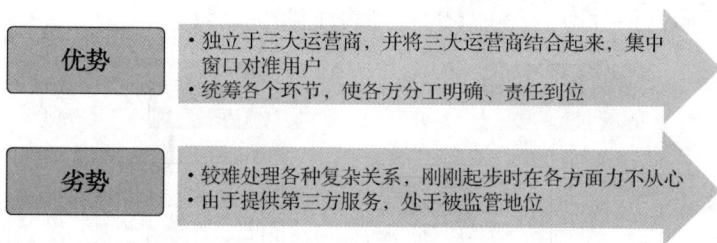

优势
- 独立于三大运营商，并将三大运营商结合起来，集中窗口对准用户
- 统筹各个环节，使各方分工明确、责任到位

劣势
- 较难处理各种复杂关系，刚刚起步时在各方面力不从心
- 由于提供第三方服务，处于被监管地位

图8-10 第三方服务提供商为运营主体的模式的优势和劣势

8.4 移动支付的工具

第三方移动支付解除了买卖双方的后顾之忧，在一定程度上保障了交易安全。同时，第三方移动支付也是用户和商家的私人银行，支付货款、提款、设置商品红包都需要用到第三方移动支付。在第三方移动支付工具中，使用范围较广、较为常见的是支付宝和微信支付。

8.4.1 支付宝

支付宝是国内第三方支付平台，由阿里巴巴集团创办。支付宝致力于为中国电子商务提供"简单、安全、快速"的在线支付解决方案。支付宝

支付宝

不仅从产品上确保用户在线支付的安全，同时让用户通过支付宝在网络间建立起相互信任的关系。支付宝创新的产品技术、独特的理念及庞大的用户群吸引了越来越多的互联网商家主动选择支付宝作为他们的在线支付体系。图 8-11 所示为支付宝首页。

支付宝的强大功能在于它以支付为基础，不断地创新研发，为用户解决生活中的一些支付难题，让整个支付过程变得更加简单、快捷。

支付宝的主要功能如下。

1. 转账

用户可以通过支付宝向其他支付宝账户或银行卡转账。用户如有转账需求，不需要花费时间和精力到银行营业厅现场办理，而是打开手机支付宝，轻点屏幕，即可实现账户到账户、账户到银行卡、银行卡到银行卡、银行卡到账户之间的任意转账。图 8-12 所示为支付宝转账。

图 8-11　支付宝首页　　　　图 8-12　支付宝转账

2. 余额宝

余额宝是支付宝推出的一款理财应用，用户可以将银行卡里的存款转存到余额宝中，转账或存入都十分方便。用户在消费后，可以直接通过余额宝进行支付，操作十分便捷。图 8-13 所示为余额宝。

3. 生活缴费

以前人们缴电话费必须到电信营业厅才能完成，水费、电费、燃气费、有线电视费、暖气费等缴费也只能到相关机构的网点才可以办理。有了支付宝以后，用户只需打开手机支付宝，选择相应的缴费功能，就可以在极短的时间内完成生活缴费，非常便捷、高效，极大地满足了当代人快节奏的生活需求。图 8-14 所示为生活缴费。

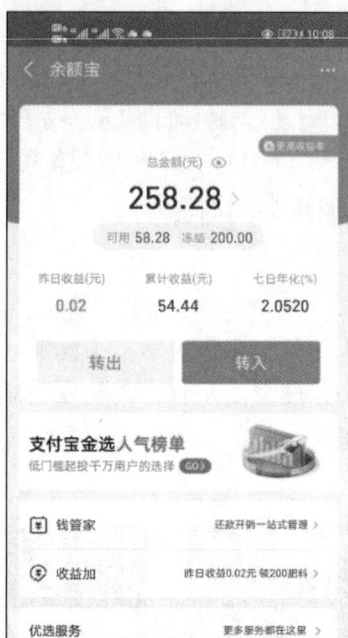

图 8-13　余额宝

4. 购买电影票、火车票、机票

支付宝的功能已经逐渐渗透到人们的休闲娱乐生活中，电影票不需要到电影院购买，通过支付宝就可以购票，如图 8-15 所示。用户使用支付宝购买电影票还可以提前在线选座。购买火车票、机票也可以通过支付宝完成支付，并且不收取任何手续费。

图 8-14　生活缴费

图 8-15　购买电影票

以上是支付宝的几项主要功能。除此之外，支付宝还有"信用卡还款""我的快递""理财产品""股票""红包""基金"等功能，犹如一个百宝箱。

8.4.2　微信支付

微信支付是集成在微信客户端的支付功能，用户可以通过手机快速完成支付流程。微信支付可以向用户提供安全、快捷、高效的支付服务。目前微信支付已实现刷卡支付、扫码支付、公众号支付、App 支付等支付功能，并提供企业红包、代金券、立减优惠等营销工具，适用于用户及商户的不同支付场景。

与刚"出道"的时候相比，微信已经不单单是一个扩大交际圈的社交应用了。随着支付功能的出现，它俨然成了一个小型的应用商店：既能为人们提供各种资讯、服务，又可以让大家在上面玩游戏、购物。因此，商家若想进一步加大微信营销的"吸金"力度，就需要抓住微信支付这一商机。那么，具体应该怎么做呢？我们需要做到以下 3 个方面。

1.　在微信公众平台接入支付功能

这种开通支付的方法比较可靠，适用于通过微信认证的服务号，但需要支付一定的金额。公众账号需要向微信官方提出开通微信支付的申请，在各项手续办理妥当后接入开发模式，然后商家根据自身需要来设置支付功能。

2.　在微信上接入第三方应用

目前，市面上有许多具有支付功能的第三方应用，商家将此类应用接入微信，用户在点击支付时，可以跳转到此类应用的支付平台，从而完成支付。需要注意的是，商家最好选择信誉度较好的第三方应用。

3.　借助二次开发商的平台接入支付功能

随着微信营销不断升温，市面上出现了一些微信二次开发商，这些开发商能够自主开发微信公众平台，为商家提供一个支付平台。商家借助此类开发商，可以在开发模式中嵌入支付功能。

> 📖 **小提示**
>
> 无论选择哪种方式来开发支付功能，商家都要注意两个问题：一个是资金安全问题，另一个是用户体验问题。

8.5　移动支付的流程

目前，越来越多的用户通过智能手机来搜索和浏览商品。与此同时，这些用户更愿意在他们的移动设备上完成支付。

移动支付的本质是买卖双方基于移动终端和无线网络完成收付交易，最终完成债权债务关系的结算。与一般银行间支付所不同的是，移动支付打通了银行业和通信业不同的业务系统，具有较强的跨行业运营特点。图 8-16 所示为移动支付流程，我们可以看出在一般情况下，移动支付系统有 5 个参与者，包括用户、商家、移动运营商、银行和第三方支付平台，它们构成了一个完整的支付系统。第三方支付平台的支付系统是构建整个移动支付系统的前提。它支撑着移动支付流程中的每一个环节，是一个具有核心纽带功能的重要组成部分。

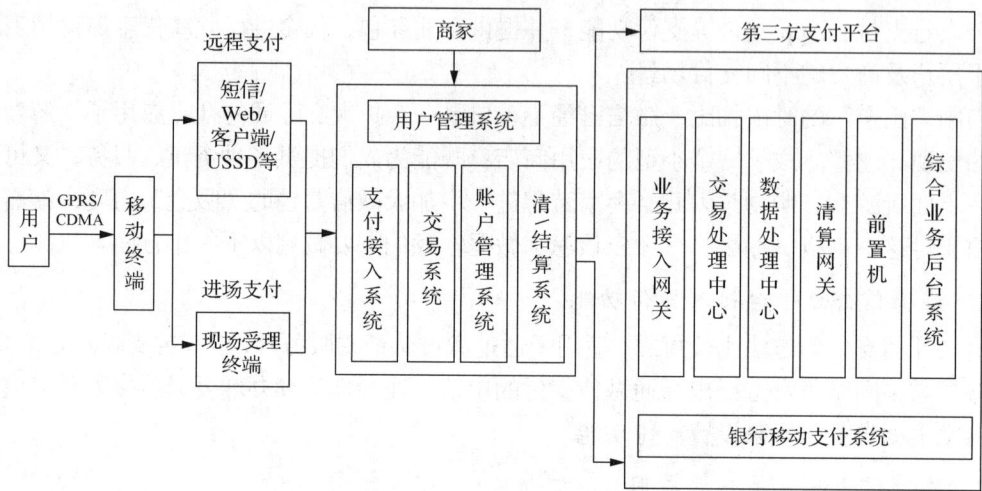

图 8-16　移动支付流程

案例分析

"双离线支付"——航空互联网场景新玩法

长龙航空与阿里云共同研发的"双离线支付"技术上线后，长龙航空因此成为国内较早实现"双离线支付"技术上线的航司。

目前，"双离线支付"因为数字人民币的测试推广而备受关注，并在广大用户群体中打开了知名度。但是早前人们对该技术的关注度较低，再加上它的应用场景放到了比较小众的航空领域，因此并未得到太大的市场反响。该技术上线后，在长龙航空的航班上，旅客只需挑选好商品，扫描乘务员手中的支付宝二维码下单，然后乘务员扫描旅客成功付款的二维码凭证，即可完成交易。旅客通过智能手机，即使在万米高空无法联网的客舱中，依然能和在地面一样完成无现金交易。

这个"双离线"的支付场景实际上是一个先享后付的过程。支付宝在特定场景下根据风控环境和信用等级给予旅客一定可信额度用于离线支付，然后旅客通过扫码进入特定界面进行下单并生成特定付款码，乘务员使用专门设备扫描该付款码完成付款。尽管交易双方完成了交互，但实际上仅限于两个设备应用之间，相关支付信息和数据并未上传至服务器，需要事后延迟联网清算。

思考题：

（1）双离线支付成功的原因有哪些？

（2）什么是双离线支付？

【成功原因解析】

"双离线支付"技术的成功上线，既解决了旅客因现金不足无法购买商品和服务的痛点，又提升了航司工作人员的收款与对账效率。航司还能通过商品电子化扩大商品的展示品类数量，进而扩大空中商城的交易规模，提升航司的辅营收益水平。

练习与思考

一、选择题

1.（　　）指的是在进行商品或服务交易时，我们可以利用手机直接在线下与商家进行支付交易，无须移动网络。

    A．近场支付　　　　B．远程支付　　　　C．条码支付

2.（　　）是指具备一定实力和信誉保障的独立机构，通过与网联对接而促成交易双方进行交易的网络支付。

    A．指纹支付　　　　B．第三方支付　　　　C．移动支付

3.（　　）是国内领先的独立第三方支付平台，由阿里巴巴集团创办。

    A．支付宝　　　　B．淘宝　　　　C．微信

4.（　　）的基础在于通信技术不断地飞速发展，且它以手机媒体、网络为基础。

    A．以银行为运营主体的模式

    B．以中国银联为运营主体的模式

    C．以移动运营商为运营主体的模式

5.（　　）适用于需要对接各类商家系统、对账需求强的商家，如大型商超、连锁品牌等商家。

    A．指纹支付　　　　B．条码支付　　　　C．近场支付

二、判断题

1．相对于其他支付手段，移动支付的成本较低，容易大规模推广。（　　）

2．指纹具有独特性和唯一性，因此指纹支付广受追捧。（　　）

3．远程支付利用手机射频（NFC）、红外线和蓝牙等方式，使手机与自动售货机和POS机实现本地通信。（　　）

4．微信支付是集成在微信客户端的支付功能，用户可以通过手机快速完成支付流程。（　　）

5．第三方支付平台的支付系统是整个移动支付系统的前提。（　　）

三、复习思考题

1．移动支付具有哪些特点？

2．常用的移动支付方式有哪些？

3．移动支付的运营模式有哪些？

4．以第三方服务提供商为运营主体的模式有哪些优缺点？

5．以银行为运营主体的模式有哪些优缺点？

实训目标

假设你是一个消费者，你需要通过任务实训掌握常见的第三方移动支付工具的使用。

实训要求

（1）使用支付宝转账功能，通过支付宝向其他支付宝账户或银行卡转账。

（2）使用支付宝将银行卡里的存款转存到余额宝中。

（3）使用支付宝缴费，包括水费、电费、燃气费、有线电视费、暖气费等。

（4）使用微信，通过微信支付购买电影票。

第9章 直播营销

【学习目标】

◎ 了解直播营销的定义、优势和流程。
◎ 掌握直播盈利的模式。
◎ 掌握直播带货的方法。
◎ 掌握常见的直播营销平台。

伴随着移动互联网的飞速发展和智能设备的普及，国内直播行业迅速发展。不仅很多网友喜欢在网上观看一些直播内容，如游戏、跳舞、唱歌等，很多大品牌也开始在直播平台上开展营销，并且取得了不错的收益。不同于微博、微信的图文形式内容传播，直播的传播方式更加直观，可以实时、互动完成品牌文化及产品展示。这也是各大品牌涌入直播营销阵营的一个重要原因。

9.1 直播营销概述

随着传统流量红利的逐渐消失，以直播为表现形式的内容营销全面爆发，直播营销产业链日渐成熟与完善。再加上 5G 技术的进一步普及和运用，直播营销将持续呈现爆发式的发展趋势。

9.1.1 直播营销的定义

直播营销是以直播平台为载体，在现场将事件的发生和发展过程进行实时制作播出的一种营销方式。直播营销能够快速提升产品销量，并在短时期内扩大企业和品牌的知名度。直播营销能够迅速吸引用户的注意力，因此成为深受欢迎的产品营销手段。

现在越来越多的网络名人也开始进行直播营销，他们利用这种方式为企业和品牌带货，并且还能通过直播平台与粉丝互动，增强粉丝黏性。这些网络名人大多在直播中直接推介与售卖产品，或以隐性植入的方式来对产品进行营销。

直播其实类似于过去的电视节目，属于陪伴式的娱乐，观众的依存度较高。在不远的将来，直播与各种行业之间的相互交融会呈现一种常态化的趋势。一方面，直播平台必须强化和其他行业的融合，才能持续更新内容，提升用户体验；另一方面，其他行业也需要利用直播平台丰富用户体验，拓展销售渠道，从而使其商业模式得以尽快变现。

当前，直播营销已经是品牌营销的标配。直播营销让营销活动从"产品与人的对话"转变成了"人与人的对话"。直播营销能够帮助企业或商家实现与用户的实时互动，用户对产品或品牌有任何疑问，都可以在直播间直接提出，当场获得解答与反馈，极大地提升了购物体验。直播营销具有广告效应和新闻效应，引爆性非常强。无论是做电商，还是进行直播创业，人们都需要了解直播营销，因为直播营销对企业或品牌的长远发展能产生较大影响。

9.1.2　直播营销的优势

直播受到越来越多人的青睐，尤其受到了年轻一代网民的追捧。为什么直播会如此火爆？它究竟有哪些优势呢？

1. 现场直播更真实

直播可直接呈现事件的完整过程，让信息来源更加真实、可靠。尤其是一些社会热点事件，通过现场直播，网民更容易明白事件的整个过程。直播使内容更加真实，网民可以看得到、听得到，比传统的文字、图片信息的可信度更高。图 9-1 所示为直播 4S 店的展示现场。

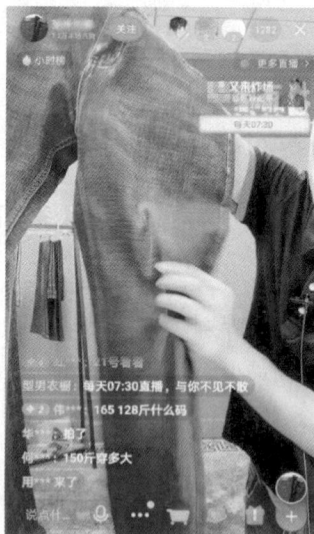

直播带货跟以前传统的图文介绍或视频宣传相比，有更真实的场景代入感和视觉冲击感，真实可见的产品让用户能够更快地做出购买决策。很多用户不了解的产品功能，通过直播的方式能够直接有效地进行展示。图 9-2 所示为直播带货。

图 9-1　直播 4S 店的展示现场　　　　图 9-2　直播带货

2. 内容观赏性强，更有利于信息传播

在互联网时代，直播作为新的社交方式，由于融合了文字、语音、画面等多种表现形式，其内容观赏性更强，适宜人群更广，传播范围更广，传播速度更快，更有利于信息的传播。

直播让原本陌生的人之间有了更为直接的沟通，用户的观点只要有价值、有见地，不仅能很快建立与主播的联系，也能获得主播的粉丝的认可。因此，直播内容要有价值，要能快速有效地传递给粉丝。直播让我们了解了不同行业、职业人群真实的工作和生活方式。

3. 融互动、有趣于一体

大多数网络直播平台都有很强的互动性。直播平台即使定位不同、针对的人群不同、功能有所差异，但都是以社交功能为基础的。图 9-3 所示为粉丝与主播互动。

直播平台输出并沉淀了大量具有娱乐性质的内容。喜剧、歌舞不再局限于专业演员的表演，越来越多有表演才艺的人投身其中。直播成了全民的大舞台。只要你有才艺，只要你有梦想，直播就能让你将自己的才能展现出来。

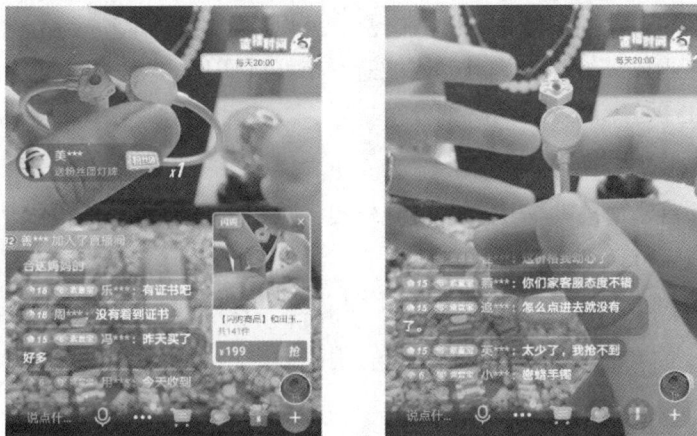

图 9-3 粉丝与主播互动

4. 可将视频分享到多个平台

直播之所以火爆，还在于它的平台是开放式的。直播平台通过上传、互动、分享等功能，使主播与观看者、分享者之间形成了一个完美的闭环。主播现场直播，粉丝在线观看；粉丝可以针对直播内容发表自己的观点、看法、评论，与主播或其他粉丝互动；粉丝在观看完直播视频之后，可将自己感兴趣的或者对自己有用的信息分享到自己的直播账号，或转发给第三方。图 9-4 所示为将视频分享到多个平台。

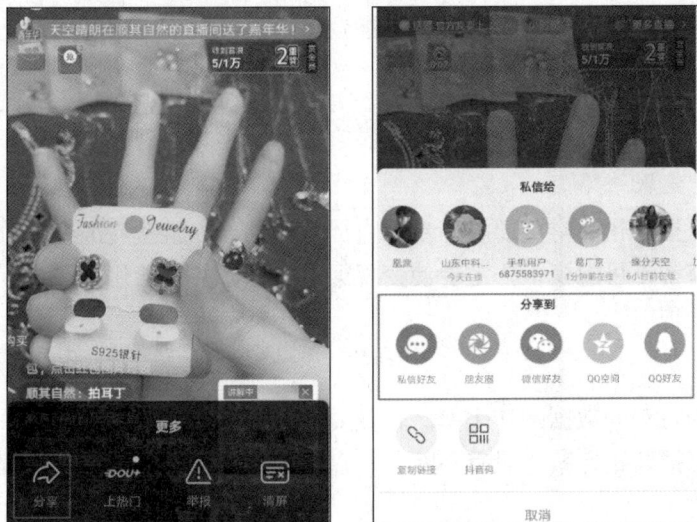

图 9-4 将视频分享到多个平台

9.1.3　直播营销的流程

现在企业开展直播营销是比较常见的事情，一些企业通过直播收获了不少的订单，还有一些企业在举办大型活动时进行直播，将企业的影响力传播得更远。直播营销的流程是怎样的呢？直播营销从准备到实施，大致可以分为以下 8 个阶段。

1.　调研细分市场

直播营销的目的是向用户推销品牌或产品，所以企业在推销之前一定要深入了解用户需要及市场情况。企业只有了解这两点，才能避开市场同质化的竞争，精准击中用户的痛点。所以，企业在做直播营销前需要调研细分市场。

2.　分析项目优缺点

企业在做直播营销之前，一定要客观分析自身项目的优缺点，从技术基础、人员设备、资金、人脉等方面进行详细评估。

3.　定位市场受众

企业在进行直播营销之前，必须对受众有明确的定位。例如，某款唇膏的受众是 15～25 岁的年轻女性。

企业只有明确了受众定位，才能精准分析出他们喜欢什么、能承受的价格是多少。因此，定位受众是整场直播营销的关键点。

4.　选择直播平台

直播平台虽然五花八门，但是可以根据属性将其分为几个不同的领域。有的平台适合做美妆类产品的直播营销，有的平台适合做游戏类产品的直播营销，有的平台适合做服装产品的直播营销。只有选择合适的直播平台，直播营销才可能取得良好的营销结果。

5.　设计直播方案

请谁来当主播？脚本怎么写？直播时用多机位直播还是单镜头直播？这些都需要提前确定与安排。企业只有提前设计好了方案，直播营销才能有条不紊地开展。

6.　开展宣传推广

企业应将直播的信息广泛传播出去，让更多的人知晓并参与。

7.　获取流量变现

流量变现是直播营销非常重要的一步，直播营销的目的就是完成变现。为了达到这一目的，任何一个环节都不可忽视，一定要使变现渠道畅通，并且给用户更多、更明确的提示，这会有利于快速变现。

8.　复盘总结

直播营销较为直观的数据是转化率。企业要想取得更好的直播效果，一定要及时通过数据反馈调整优化直播营销方案。只有不断在复盘中修正直播营销方案，直播营销才能实现更高的转化率。

9.2　直播盈利模式

直播的盈利能力很强大，无论是自带流量的影视明星，还是普通网民，只要善于利用直播，就可能获得巨大的曝光量，甚至实现更大的商业价值。直播盈利模式如下所示。

9.2.1　开通商品分享功能

抖音有"商品分享功能"，它是指你可以在自己的视频和主页中分享商品信息。开通此功能后，抖音主页会增加"商品橱窗"功能，你可以在橱窗里添加需要分享的商品。客户若对商品感兴趣，则可以通过商品橱窗来了解详情并购买。商品橱窗如图 9-5 所示。

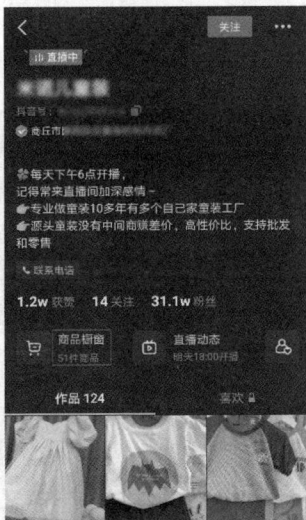

图 9-5　商品橱窗

开通商品分享功能的具体操作步骤如下。

（1）进入抖音"我的"，单击右上角的"▤"图标，如图 9-6 所示。

（2）进入设置页面，单击"创作者服务中心"选项，如图 9-7 所示。

图 9-6　单击右上角的"▤"图标

图 9-7　单击"创作者服务中心"选项

（3）进入图 9-8 所示的页面，单击"商品橱窗"选项。

（4）进入"商品橱窗"页面，单击"商品分享权限"选项，如图 9-9 所示。

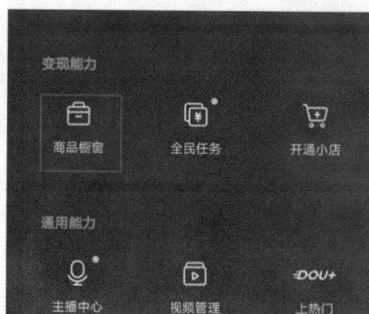

图 9-8　单击"商品橱窗"选项

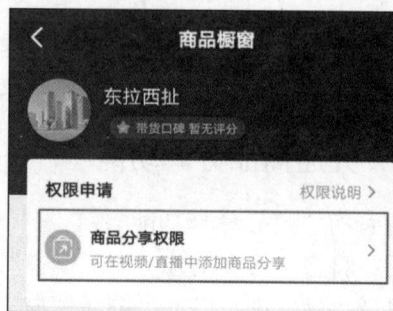

图 9-9　单击"商品分享权限"选项

（5）进入"商品分享功能申请"页面，单击"立即申请"按钮，如图 9-10 所示。

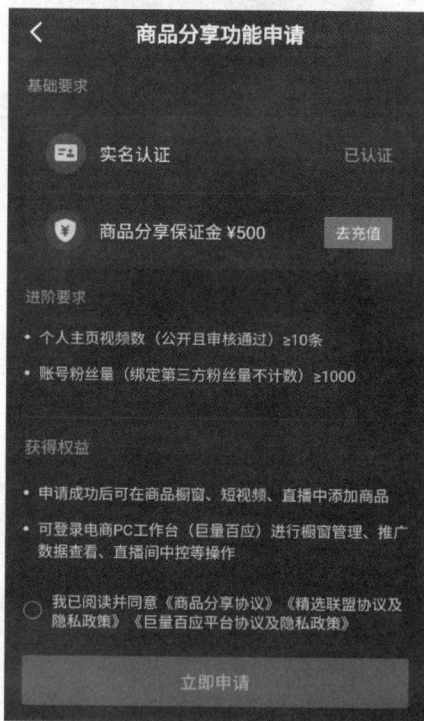

图 9-10　单击"立即申请"按钮

9.2.2　开通小店卖货

小店是直播平台为主播提供的电商变现工具，帮助主播拓宽内容变现渠道。图 9-11 所示为抖音小店，它和淘宝店铺性质相同，都可以卖货。

相比于把流量给淘宝店铺或者被"达人"将流量转化到微信端，直播平台更期望把大量的精准流量沉淀在自有产品生态下。抖音平台竭力打造抖音小店就是想将"抖商"的概念下沉到普通人身上。小店可以让用户和商家在直播平台内部完成交易，降低跳失率。

图 9-11　抖音小店

9.2.3　为企业、品牌做宣传

直播营销已经是大势所趋，它不仅有助于高效卖货，而且能够帮助企业提升品牌价值。在传播形式日益多元化的今天，越来越多的品牌和企业发现了直播的营销宣传价值。直播独特的模式让许多品牌形象变得立体化，品牌借助直播平台增加传播的互动性、趣味性，也使其影响力更具穿透性，比电视广告更能打动用户。

品牌和企业往往销售渠道众多，直播营销应以宣传为主，作用在于提高知名度，所以一般以曝光度、点击率等为直播营销的主要考核指标，对销售额不做硬性要求。

9.2.4　粉丝打赏

和其他传统直播平台一样，抖音主播也可以通过粉丝打赏获得收益。只要直播的内容足以吸引和打动粉丝，一些粉丝就将通过直播平台所设定的虚拟礼物进行打赏。

粉丝打赏

主播获得的打赏来源于粉丝赠送的虚拟礼物，包括鲜花、金币、跑车、飞机等。不同的虚拟礼物所对应的虚拟货币价值也是不同的，而虚拟货币需要粉丝充值购买。这些虚拟礼物就是主播的直接收入。拥有 50 万～100 万粉丝的优质主播，每月收入可达 30 万～50 万元。一名主播的收入除了基本底薪外，其他的收入基本是靠粉丝赠送的虚拟礼物。图 9-12 所示为粉丝打赏。

在直播过程中，主播需要和粉丝进行良好的互动。主播多与粉丝进行有效互动，粉丝才会更加喜欢主播，从而更愿意打赏。

另外，在直播时，主播要拒绝关注那些毫无营养、非常无聊的聊天内容，这样的内容很容易压榨其他粉丝的时间。粉丝一无所获时，自然不会打赏。因此，主播在开展直播前要进行粉丝调查，了解粉丝喜欢什么内容，然后针对这个内容进行直播。戳中粉丝痛点的直播可以获得更多好评，主播也能获得更多打赏。

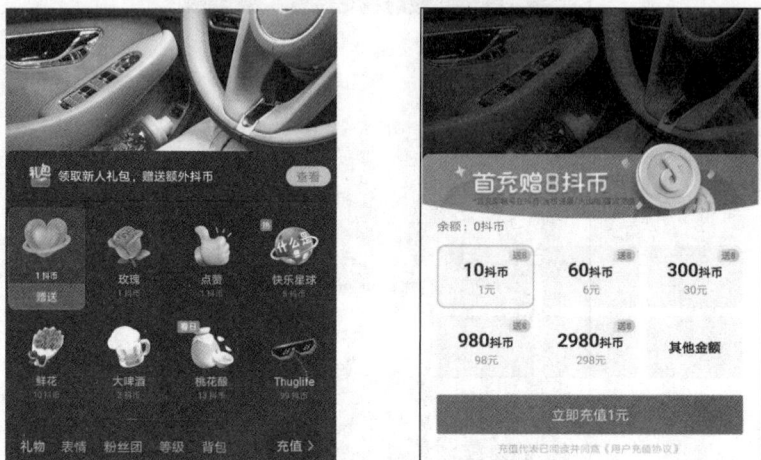

图 9-12　粉丝打赏

9.3　直播带货

直播带货什么最重要？答案是"人"和"货"。下面介绍适合直播带货的商品、直播带货的选品技巧、直播带货模式、直播预热文案写作技巧、直播带货话术。

9.3.1　适合直播带货的商品

直播带货作为近些年的"风口"，许多企业和商家都加入了这股浪潮。那么，哪些商品是适合直播带货的商品呢？

1. 难以到现场考查的商品

说到难以到现场考查的商品，很多人都会想到跨境电商，因为并不是所有人都能直接去海外购物。传统的代购无法让人了解自己想要购买的商品的详细信息，客户不知道什么样的品牌更加适合自己、如何做好价格选择等。正是因为信息的不对称，客户在通过跨境电商购物时难以做出决策。而直播带货能相对有效地解决这些问题。

在观看直播时，客户能全面直观地了解这些商品的详情，并根据这些信息迅速做出决策。与跨境电商相同的还有旅游业，在没有到达景点时，人们无法了解景点的真实状况。但通过直播，人们就可以了解景点情况，并可以根据所了解的情况做出是否去、去哪儿、何时去等决策。

2. 生活必需品

生活必需品这种大消耗量的商品也特别适合直播带货。洗衣粉、洗发水等日常生活中消耗较大的商品，客户都需要购买。直播带货时如果商品的价格合适、质量合格，那么大部分客户还是愿意购买的。

3. 品牌商品

大多数情况下，知名度高、口碑较好的品牌商品更容易得到主播的青睐。一个好的品牌，在带货过程中和主播是相互成就的。大品牌在品质、售后等方面都更有保障。董明珠直播带货曾让格力的销售额高达 65 亿元，换成一个小的空调品牌可能就无法成就这样的纪录。可见，商品的品牌对于直播带货的效果有很直接的影响。

4. 高性价比的商品

不管在哪个直播平台带货，高性价比的商品都会更占优势。我们要想保证商品的销量，就要提升其性价比，因为商品的销量和性价比有直接关系——商品的性价比越高，往往销量越高。

5. 重复购买率高的商品

直播带货的粉丝群体相对稳定，不容易快速增加新客户。所以，商品的购买频次一来影响收益，二来影响粉丝的活跃度，处理不当就会"掉粉"。重复购买率高的商品会带来更好的销售效果。

6. 功能直观的商品

功能直观的商品，如口红、服装、智能商品等，可以通过主播的演示充分展示商品的特性，从而让客户能够凭肉眼直观感受商品的功能。主播带货时需要将商品的使用效果体现出来，让人们隔着屏幕就能直观感受到，从而对商品品质进行判断。口红是功能直观的商品，容易吸引客户的目光，带动商品销量。无论是昂贵的口红，还是平价的口红，都能够满足部分客户的使用需求。

7. 适合团购的商品

众所周知，团购容易打造"爆款"，因为团购能吸引到大量具有相同需求的群体。团购其实非常适用于直播，因为它能够在短时间内将一群具有相同兴趣爱好的人聚集起来，这也是直播的优势之一。

9.3.2 直播带货的选品技巧

产品如果没有选好，即使当场直播的销量很好，但如果产品质量不过关，也会失去粉丝的信任。再次直播销售该产品时，粉丝就不会相信产品的质量了。所以，产品的选择也很重要。那么，直播带货的选品技巧有哪些呢？

1. 产品与账号定位关联

直播内容要与账号定位相关，系统才会根据你的直播内容贴上精准的标签，将直播推荐给更精准的粉丝。产品选择也一样，如果你的账号主攻女装市场，那么直播带货时应尽量选择女装类相关产品。一方面你对产品比较熟悉，另一方面也符合粉丝对账号的预期，这样更有助于提升产品转化率。图 9-13 所示为产品与账号定位关联。

2. 主播亲自使用过产品

主播只有亲自使用过产品，才能知道它到底是不是一款好产品，是不是粉丝想要的产品，才能在直播中将自己对产品的真实感受传递给观众。

图 9-14 所示为主播亲自试戴手表。主播要在直播间卖手表，就需要知道手表是什么材质、适合什么样的人戴、适合在什么场合戴等。这些只有使用过后才能得出结论，才能在直播间根据实际使用感受向观众、粉丝推荐产品，也才会更有说服力。

图 9-13　产品与账号定位关联

图 9-14　主播亲自试戴手表

3. 产品有卖点

产品有卖点，主播再借助直播平台进行扩散，转化就会很有效率。产品可能有很多卖点，但如果主播把产品的每个卖点都进行详细讲解，其结果往往是这个产品反而显得很平庸，销售量暴涨的可能性比较小。

某网红主播在进行产品推荐的时候，往往会先提炼出一个卖点或两个主推的亮点，再用几分钟把卖点或亮点讲透，从而佐证自己的观点，吸引粉丝下单。

4. 根据粉丝需求选品

粉丝关注直播是因为直播的内容能满足他们的特定需求，所以主播在选择直播带货产品时一定要了解粉丝的需求。

例如，在直播间售卖的产品会吸引哪些粉丝？这些粉丝有什么特征？他们对产品的需求是什么？消费能力如何？对产品的要求如何？主播了解了粉丝的需求后，根据他们的需求来选择产品，才能更有效地提高直播间的产品成交率。

5. 借助工具选品

借助工具营销是非常重要的营销方法，直播带货选品也一样。数据分析工具可以让我们知道直播带货产品在平台上受欢迎的程度。我们可以知道哪些产品在直播峰值的时候销量最高，哪些产品被点击的次数最多，哪些产品的交易量最多。

根据这些数据，我们能够获得高销量产品的名称、品类、单价、来源等各项信息，然后根据自己的账号定位及粉丝需求，从中挑选适合自己的直播带货产品。常用的数据分析工具有西瓜工具、飞瓜数据等。图 9-15 所示为飞瓜数据工具。

图 9-15　飞瓜数据工具

6. 选择高热度产品

与发视频可以蹭热点的逻辑一样，直播带货选品也可以蹭热点。例如，端午节直播卖粽子，中秋节直播卖月饼，高温入夏时直播卖空调，刚入冬时直播卖羽绒服或当下某款比较受关注的产品。不管粉丝是否需要这件产品，只要粉丝保持了高度关注，即使不买，他们也可能会在直播间热烈讨论相关话题，提升直播间热度。

9.3.3 直播带货模式

直播带货模式有哪些呢？目前为止，比较常见的直播带货模式包括直接卖货模式、基地走播模式、定制模式、砍价模式、秒杀模式、产地直播模式等。

1．直接卖货模式

直接卖货模式主要就是卖产品，直播内容就是主播一款一款地介绍在售产品，详细讲解产品功能，通过各种促销活动来提升销售额。这种模式的竞争力来源于产品。

2．基地走播模式

基地走播模式以展示场地或者制造工艺、细节为主，并通过这样的方式来销售产品。主播选择该模式后，一般需要提前到基地选好产品，等基地做好准备后，主播才开始现场直播。

该模式下基地的装修一般较好，直播设备都比较高档，画质比较好，粉丝容易冲动下单，同时也造成了售后退货率高。基地直播模式下销售的产品往往有较多款式，而且这些款式经过主播筛选后会比较符合粉丝的需求，直播内容值得期待。

3．定制模式

定制模式中的产品是主播自己找工厂定制的。主播根据粉丝的需求，推出特有的款式，同时也保证了品质。粉丝对主播的信任及对款式的认同会促使其下单。这种模式的操作难度大，门槛很高。

4．砍价模式

主播拿到产品后，把产品的优缺点告诉粉丝，同时也告诉粉丝产品的价值，征询有意向购买的粉丝的心理价位。在这一基础上，商家报价，主播砍价，价格协商一致后成交。

砍价模式下，主播赚取的是粉丝的代购费和商家的佣金。粉丝也喜欢围观砍价和成交的过程。

5．秒杀模式

秒杀模式指主播和商家合作，帮商家增加销量，同时也给粉丝谋福利。这种模式容易形成马太效应，主播带货能力越强越受商家青睐，拿到的折扣也越低，而主播的收益来自"坑位费"和销售返佣金。

6．产地直播模式

产地直播模式无论是自产自销还是产地直销，其性价比都较高。常见的产地直播如卖水果等，其直播玩法很简单，直播内容几乎每天都一样。

9.3.4 直播预热文案写作技巧

直播的火爆和低门槛，使很多人都想进入直播行业。每场直播开始之前，必不可少的就是直播预告，如海报直播预告、抖音短视频直播预告、站内站外直播预告等，这些都离不开直播预热文案的写作。好的直播预热文案能起到画龙点睛的效果，戳中用户的痛点，勾起用户的好奇心。下面介绍直播预热文案的写作技巧。

1．传递直播价值

用户看直播除了打发时间之外，还关心直播可以带给他们什么，是价格优惠的商品，还是值得收藏的干货。直播预热文案必须告诉用户直播主题是什么，说明直播能够带来哪些价值。

2. 设置直播福利

在直播预热文案中，我们可以设置专门为用户准备的福利环节，如抽奖、买一赠一、万元红包、终极大奖、特价等。这些都是非常具有吸引力和诱惑力的。直播预热文案应该重点强调这些福利活动，让用户看了就想来我们的直播间。

3. 留下直播悬念

一场直播一般长达两三小时，所有的内容仅依靠直播预热文案是介绍不完的。所以，我们要学会设置悬念。

4. 打造直播场景

单纯的文字文案可能无法让所有用户感受到直播的价值，这时我们可以通过打造与直播主题相关的场景来吸引用户。

9.3.5 直播带货话术

新手做直播往往会遇到很多问题，比如不知道说什么，导致直播间经常冷场。下面介绍直播带货时一些常见的话术。

1. 引导关注话术

主播要想吸引进入直播间的新用户的关注，可以采用引导关注话术。

话术1：欢迎进来的朋友，不要着急走，点点关注不迷路，主播带你"上高速"。

话术2：主播今天刚起步，支持我就加关注，主播绝对没套路。

话术3：感谢××的关注，还没关注的朋友抓紧时间关注，主播每天给大家带来不同的惊喜。

话术4：一见主播点关注，二话不说刷礼物，都是粉丝别吃醋，你的温柔我记住。

话术5：关注一下主播，主播每天×点开播，喜欢主播的可以帮忙分享一下。

2. 直播欢迎话术

在直播开场时，主播首先要对来看自己直播的用户表达感谢，这样有助于增强主播的亲切感，让观众在进入直播间的第一时间感觉亲切舒服。直播欢迎话术举例如下。

话术1：欢迎大家来到我的直播间，我是一名新手主播，新来的朋友不要着急走，来关注一下好不好？

话术2：欢迎××回来，你是我的老朋友了，每次上播都能看到你的身影，真的特别感动。

话术3：刚进来的小伙伴可以等一下后面的朋友，没有点关注的可以给主播点点关注。

3. 直播间感谢打赏话术

直播间有人刷礼物打赏时，主播可以采用下面的话术。

话术1：谢谢××姐姐的礼物。

话术2：我姐人美话不多，美得没话说。

话术3：谢谢我的小星星送我的眼镜，戴上这副眼镜，我觉得自己是整条街上最靓的"仔"。

话术 4：不管礼物有没有，祝你幸福到永久。

4. 直播聚人话术

想让直播间聚集人气，主播可以采用下面的话术。

话术 1：前 10 个进入直播间的粉丝可以领取一包洗脸巾。

话术 2：每隔 10 分钟公布一次中奖名单。

话术 3：前 5 个进入直播间的朋友名单已经出来了。

5. 追单话术

很多用户在下单时会犹豫，这时主播需要用追单话术来刺激用户下单。主播可以采用下面的话术。

话术 1：线上抢购的人数多，以收到款项的时间为主，大家看中了抓紧时间下单。

话术 2：这款产品数量有限，看中了一定要及时下单，不然等会儿就抢不到啦。

话术 3：货品折扣仅限本次活动进行时间，错过了就不会再有这个价格了，请大家抓紧时间。

话术 4：这款产品只有 3 分钟的秒杀优惠时间，没有购买的朋友赶紧下单。

9.4　常见的直播营销平台

直播营销平台是直播营销产业链中不可或缺的一部分，它为直播提供了输入和输出的渠道。下面介绍常见的直播营销平台。

9.4.1　抖音直播

抖音于 2018 年 5 月正式启动电商业务，目前以短视频、直播带货为主，其发展思路依然延续过去的"流量引流"的变现思路。随着直播电商的爆发式发展，抖音加大力度自建抖音小店。平台自身开始签约带货类关键意见领袖（Key Opinion Leader，KOL），同时在供应链端与直播基地签约。这一系列动作都表明，抖音在加大对直播电商的投入力度。

抖音直播有两种形式，即抖音内容直播和抖音直播带货。抖音内容直播的开通很简单，只要完成实名认证就可以直播。主播在直播间可以唱歌、跳舞、进行户外运动和品尝美食等。图 9-16 所示为抖音直播。主播要想在抖音直播带货，不仅需要开通直播功能，还要开通直播带货权限。主播在开通直播功能和直播带货权限以后就可以直播带货，在直播间挂上产品链接，卖货变现。

抖音直播目前有直播和短视频两个流量入口。

（1）直播。用户在抖音中可以查看所有当前正在直播的直播间，点击对应的页面就可以进入直播间。用户可以通过上下滑动来快速切换不同的直播间页面。

（2）短视频。当主播的短视频上热门以后，用户在看热门推荐的短视频时，也会看到该账号正在直播的提示，从而可以通过这个入口进入直播间。只要抖音在短视频上的定位不改变，大多数的直播间都可以通过短视频引流。不管是现在还是未来，短视频都将是公域流量的主要来源。因此，主播可以在直播之前发布一条短视频，以增加流量入口，提升直播被用户看到的可能性。

2020 年 8 月 16 日，雷军携小米旗下多款产品亮相抖音奇妙好物节直播间，开启个人抖音直播带货首秀。这场直播共吸引超过 5053 万人观看，交易总额突破 2.1 亿元。当晚，雷军坐镇直播间，把直播带货开成了小型"产品发布会"。粉丝们对雷军认真的态度也是相当满意，"雷军首次直播带小抄"话题也登上了抖音热点榜，如图 9-17 所示。

图 9-16　抖音直播

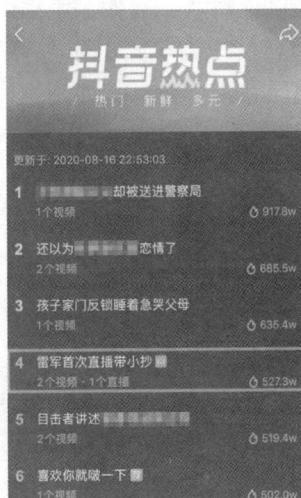

图 9-17　抖音热点榜

9.4.2　快手直播

快手是北京快手科技有限公司旗下的产品，它本来是一款制作和分享 GIF 图片的手机应用，于 2012 年 11 月转型为短视频社区。随着直播的迅速发展，快手也增加了直播功能。用户在快手平台上不仅可以发布自己创作的短视频，还能通过直播展示才艺、销售商品。图 9-18 所示为快手直播。

快手直播

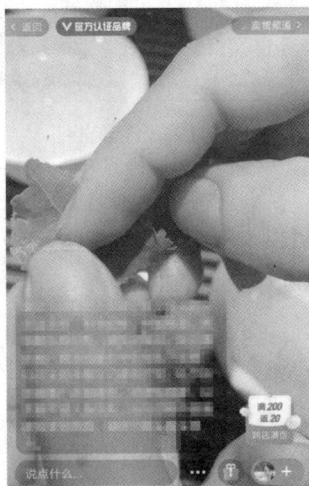

图 9-18　快手直播

快手和抖音尽管都是短视频平台的巨头，用户重合度也在不断上升，但快手的转化率要高一些，抖音的娱乐性则更强。

快手直播带货的主要用户集中在三线及以下城市和乡镇，商品价格较低。其下沉市场的用户黏性极强，有助于提升转化率。快手对于下沉市场的高渗透率恰恰避开了一、二线城市的流量红海，使得快手直播带货在三线及以下城市和乡镇的带货力得以发挥到最大。

快手直播的玩法不同于淘宝直播和抖音直播，快手独有的社区文化可以给用户带来非常好的情感体验。快手上的很多主播与工厂、原产地和产业链有密切合作，这些主播的直播内容也紧紧围绕自身属性。例如，主播会直播果园、档口、店面等场景，强调商品源自"自家工厂"。这种直接展现商品源头和商品产地的卖货方式可以让用户更直观地了解商品，从而提升用户对商品的好感度和对主播的忠诚度。

9.4.3　淘宝直播

淘宝直播是阿里巴巴网络技术有限公司推出的消费生活类直播平台，也是新零售时代体量巨大、消费量与日俱增的新型购物场景，更是千万商家店铺运营、互动、营销的利器。随着商家、主播、用户全方位接触淘宝直播，其内外部的发展条件逐渐成熟，淘宝直播将推动电商经济持续增长。图 9-19 所示为淘宝直播。

图 9-19　淘宝直播

跟其他直播平台的"直播+带货"不同，淘宝直播是"带货+直播"。淘宝开通直播之后，大多数店铺的流量和转化率都有明显提升。图 9-20 所示为三大直播营销平台 2020 年数据对比，其中淘宝直播交易总额超过 4000 亿元。淘宝直播直接或间接地服务了超过 300 万户商家，其中诞生了近 1000 个交易额近 1 亿元的直播间；90%的新品牌都已在淘宝直播间开播，而且这些新品牌的成交增幅达到了 329%。

2021 年 9 月，淘宝直播发布了一份特殊的"成绩单"。在系统性的直播助农计划"村播计划"上线 3 年后，淘宝直播平台累计已有 11 万农民主播，开播超过 230 万场，通过直播带动的农产品销售额超 50 亿元。

图 9-20　三大直播营销平台 2020 年数据对比

案例分析

董明珠 2020 年 13 场直播带货 476 亿元

2020 年 12 月 12 日晚，格力电器 2020 年全国巡回直播回到大本营珠海。从第一次直播"翻车"到"6·18"直播销售额破百亿，董明珠在直播上渐入佳境。8 场全国巡回直播加上此前在京东、抖音、快手等平台的直播，2020 年，董明珠 13 场直播总计下 476 亿元的总销售额。

值得一提的是，在格力电器的直播中，线上线下联动更加频繁，格力"新零售"布局初具雏形。多家券商表示，看好格力电器渠道改革成效。

与大部分企业依靠专业直播"网红"的模式不同，格力电器多场直播均由董事长、总裁董明珠挑大梁，从直播展示商品的选品，到直播中对商品的介绍，董明珠都参与其中。她也屡次在直播中强调，自己愿意也有信心为格力的商品背书。

2020 年 5 月 10 日，格力电器快手直播创下半小时销售破亿、3 小时成交 3.1 亿元的傲人成绩；同年 5 月 15 日，格力电器京东直播成交额再创新高，突破 7 亿元。这时董明珠已经明确了自己直播的目标，她提出："一个好的服务商要适应时代的变化，我希望把线上和线下结合起来，把线下店打造成体验店，带领经销商探索'新零售'模式。"

思考题：

（1）董明珠直播带货成功的原因是什么？

（2）请阐述目前有哪些抖音直播流量入口。

【成功原因解析】

董明珠带货，依靠的是线下经销商带来的流量。董明珠做直播前，格力电器的线下经销商就会组织优惠活动。例如，经销商在各自负责的片区进行推广，居民加经销商微信就能获赠小礼品。经销商用这个方法把周边的居民都聚集起来，在董明珠直播时就给他们发一个专属二维码，让他们进入董明珠的直播间。这个二维码具有追溯、利润分成的作用，跟经销商绑定，经销商拉的人越多，成交的数额越高，收益就越大。大部分主播其实都是一个人完成引流和转化，董明珠则完全不同，她依靠 3 万家经销商为直播间导入巨大的人流量，再加上格力电器扎实的销售体系，以此完成直播带货。

练习与思考

一、选择题

1.（　　）是指可以在自己的视频和主页中分享商品信息，开通此功能后，抖音主页会增加"商品橱窗"功能。

        A．商品分享功能   B．创作者服务   C．小店

  2．（　　）是直播平台为主播提供的电商变现工具，帮助主播拓宽内容变现渠道。

        A．粉丝打赏   B．小店   C．抖商

  3．（　　）就是要卖产品，直播内容就是主播一款一款地介绍在售产品，详细讲解产品功能，并通过各种促销活动来提高销售额。

        A．砍价模式   B．定制模式   C．直接卖货模式

  4．（　　）以展示场地或者制造工艺、细节为主，商家可以通过这样的方式来销售产品。

        A．基地走播模式   B．秒杀模式   C．产地直播模式

  5．（　　）的开通很简单，只要完成实名认证就可以直播。主播在直播间可以唱歌、跳舞、进行户外运动和品尝美食等。

        A．抖音电商直播   B．抖音内容直播   C．抖音带货直播

二、判断题

1．企业在进行直播营销之前，必须对受众有明确的定位。　　　　　　　　（　　）

2．选择什么直播平台无所谓，只要主播有能力，就能取得良好的营销结果。（　　）

3．抖音小店是指可以在自己的视频和主页中分享商品信息。　　　　　　　（　　）

4．生活必需品这种大消耗量的商品特别适合直播带货。　　　　　　　　　（　　）

5．主播要想在抖音直播带货，不仅需要开通直播功能，还需要开通直播带货权限。

                                                    （　　）

三、复习思考题

1．直播营销的流程是怎样的？

2．直播盈利模式有哪些？

3．哪些商品适合做直播带货？

4．直播带货的选品技巧有哪些？

5．直播带货模式有哪些？

6．如何写好直播预热文案？

任务实训

实训目标

  假设你是一位服装商家，想要直播卖货，你需要开通抖音的商品分享功能，掌握直播带货选品技巧，选择合适的直播带货话术。

实训要求

（1）通过商品分享功能开通抖音小店。

（2）选好直播带货的商品，写好直播预热文案。

（3）选择合适的直播带货话术，掌握与粉丝交流互动的技巧。

第10章 移动电商实战应用案例

【学习目标】

◎ 掌握拼多多社交电商开店实战。
◎ 掌握今日头条营销实战。
◎ 掌握抖音短视频营销实战。

移动电商的本质是电商的移动化，客户从 PC 端转移到移动端后，与互联网连接的方式已经发生了根本性的改变。移动电商逐渐渗透至各行各业，如生活用品、服装鞋帽、护肤美妆、家居用品等行业。越来越多的商家通过移动电商平台销售商品。下面介绍拼多多平台、今日头条平台、抖音平台的移动电商实战应用。

10.1 拼多多社交电商开店实战

相比于淘宝，拼多多的主要优势在于依靠微信轻而易举地获得了淘宝难以获得的巨大社交流量。同时，拼多多的交易门槛非常低，客户可以通过 App、公众号及小程序等多个渠道进入拼多多购物。

10.1.1 拼多多的开店优势

拼多多的客户增长速度是史无前例的，它之所以能做到这一点，除了吸引客户的低价格外，还具有很多其他优势。

课堂讨论

拼多多不仅平台流量大，而且开店门槛非常低，只要商家有一定的供货能力，就可以在拼多多上开店。在商品类型方面，尽量选择低价的商品，因为低价能够快速获取客户。

1. 重在拼团和实惠多多

拼多多的开店优势重在拼团和实惠多多，能让更多的客户获得实惠并分享实惠。从拼多多本身的字义来理解，我们可将其拆分为"拼"团和实惠"多多"两层意思，即鼓励客户拼团分享，享受更多优惠。

进入拼多多的首页，我们可以看到限时秒杀、断码清仓、9块9特卖、多多赚大钱、免费领商品等分类功能服务，这些都是为了让客户买到更加便宜、实惠的商品，如图10-1所示。

图10-1　拼多多的首页

拼团活动使用裂变方式，促使参与者自发传播。在限定的时间内，客户邀请参与拼团购买的人越多，价格就越低。拼团的发起人和参与者可以通过微信转发并完成交易。由于可以以超低价格甚至免费拿到商品，这种促销方法激发了客户的积极性，让客户自发传播。图10-2所示为拼单团购。

图10-2　拼单团购

2. 依靠微信获得巨大的社交流量

跟天猫商城、淘宝网相比，拼多多的主要优势在于依靠微信获得了巨大的社交流量。客户在拼多多购物时，可以直接使用微信快速下单支付，降低了购物门槛。客户还可以通过微信、拼小圈、朋友圈、QQ好友等分享"拼团"。图10-3所示为通过微信分享拼团。这种点对点的触达方式，将客户信息筛查和商品选择的门槛都降低了。

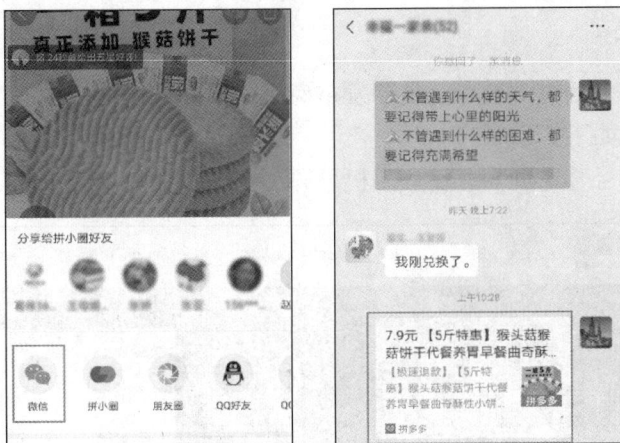

图 10-3　通过微信分享拼团

3. 免费领商品裂变

拼多多的免费领商品一度风靡微信，其规则体现的是允许客户"占便宜"的逻辑。拼多多利用客户"占便宜"的心理，将客户当作店铺的推广资源。客户免费获得的权益，实际上就是拼多多进行推广所花费的支出。

客户免费领商品前进行的砍价活动是一种非常实用的裂变营销工具，可以实现较好的传播效果。尤其是将砍价活动投放到微信群后，其宣传规模呈现出指数增长趋势，引流范围大幅度扩大。

💻 **课堂讨论**

你在拼多多帮朋友砍过价吗？最后免费拿到商品了吗？

免费领商品需要客户邀请多个好友进行砍价，"砍"到 0 元就可以免费拿到商品，如图 10-4 所示。助力也是拼多多的一种玩法，客户通过好友助力就可以享受免单优惠。现在要求助力的好友必须是新客户，这也是拼多多可以实现拉新裂变的关键。

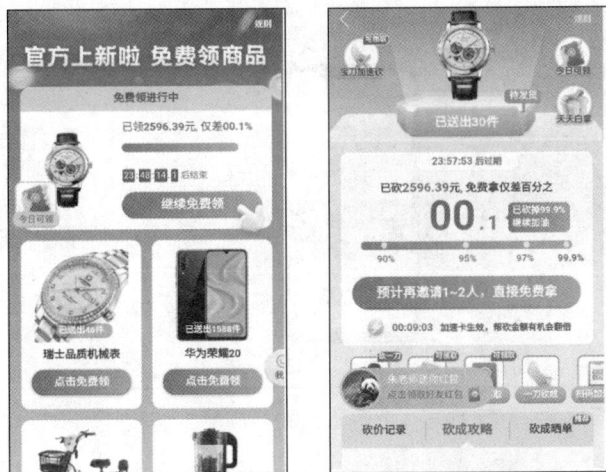

图 10-4　免费领商品

10.1.2　发布商品

商家入驻拼多多平台的第一步就是要发布商品。下面讲述在拼多多商家后台发布商品的方法，具体操作步骤如下。

（1）进入商家后台登录页面，输入手机号码和密码，如图10-5所示。

图10-5　输入手机号码和密码

（2）打开"商家后台"页面，在左侧导航栏的"商品管理"下方单击"发布新商品"链接，如图10-6所示。

图10-6　单击"发布新商品"链接

（3）进入"发布新商品"页面，商家可以在搜索框中输入关键词并快速搜索分类，也可以在下方手动设置分类；设置完成后，单击"确认发布该类商品"按钮，如图10-7所示。

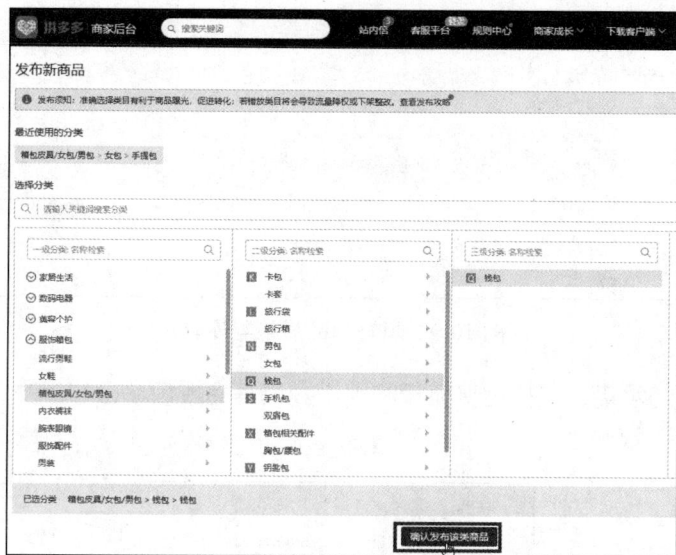

图 10-7　单击"确认发布该类商品"按钮

知识链接

　　商家必须考虑自己低价销售的商品能否盈利，并考虑商品成本、工资成本和物流成本等因素。商家必须迎合平台的偏好，这样才能成为受平台欢迎的商家。

　　（4）进入"基本信息"页面，设置商品基本信息，包括商品标题、商品属性等，如图 10-8 所示。

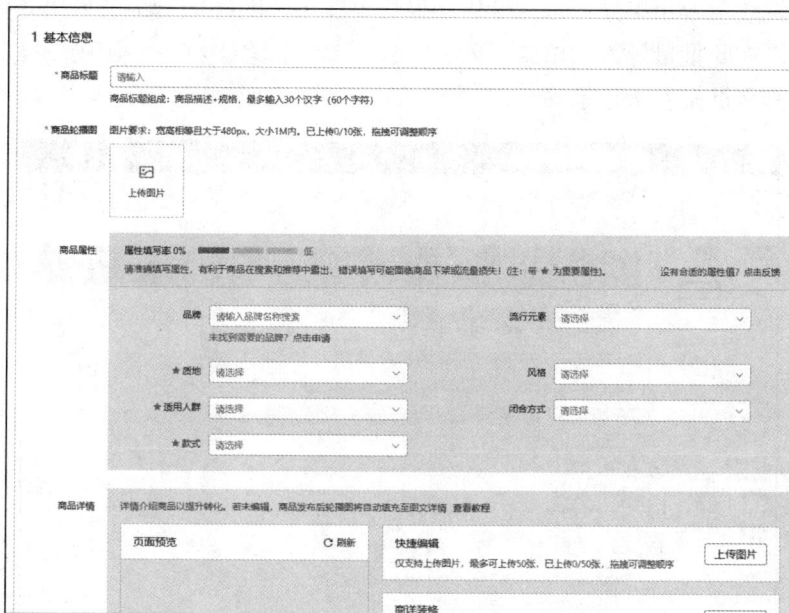

图 10-8　设置商品基本信息

　　（5）填写商品规格与库存，包括商品规格、价格及库存、商品参考价，如图 10-9 所示。

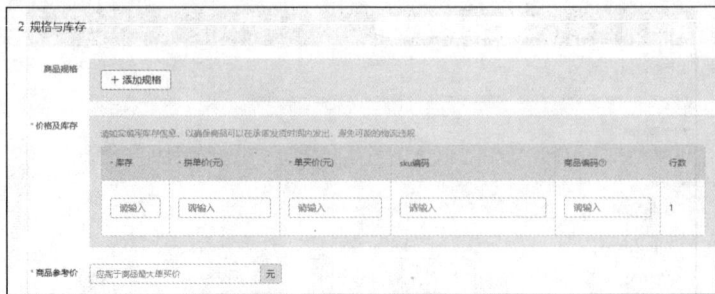

图 10-9　填写商品规格与库存

（6）填写服务与承诺，包括运费模板和承诺。填写完成后单击"提交并上架"按钮，如图 10-10 所示。

图 10-10　单击"提交并上架"按钮

10.1.3　发货管理

发货管理模块主要用来处理日常发货和退货等业务。图 10-11 所示为"发货中心"功能页面，商家可以在此批量导入、单条导入、在线下单、拼多多打单、无物流批量导入、无物流单条导入及查看批量发货记录等。

图 10-11　"发货中心"功能页面

开通 24 小时发货服务后，商品承诺发货时间将设为 24 小时，商品搜索页和详情页中会展示 24 小时发货标签。这样可以大大提升订单转化率，增加商品流量，同时物流满意度也会提升。

客户完成付款后，商家需要尽快发货。经大量数据验证，绝大多数商家可以做到在 72 小时内发货。尽快发货一方面是为了提升服务质量，另一方面是为了满足客户急切的购物需求，营造良好的购物环境。

知识链接

商家需要注意的是，若成团后 24 小时内未发货，需赔付客户至少 3 元平台优惠券。

在"发货管理"导航下，单击"24 小时发货"链接进入 24 小时发货页面，如图 10-12 所示，再单击"立即开通"按钮即可。

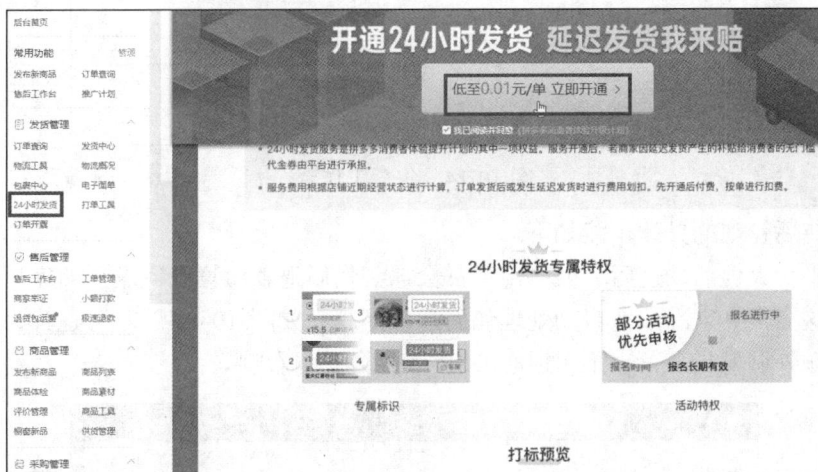

图 10-12　24 小时发货页面

开通 24 小时发货后，商品详情页会显示"24 小时发货"标签，如图 10-13 所示。

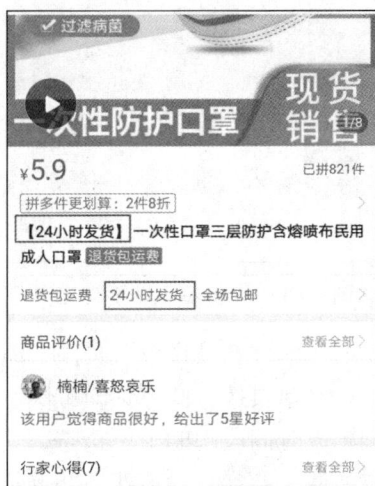

图 10-13　显示"24 小时发货"标签

10.1.4　售后管理

售后管理

商家利用拼多多售后管理功能可以处理售后的一些管理业务。在"售后管理"导航下单击"售后工作台"链接后,进入"售后工作台"页面,该页面的功能包括退款/售后、售后小助手、售后设置等,如图 10-14 所示。

图 10-14　售后工作台

拼多多售后管理的具体功能如下。

(1)在平台大促活动过后,很多商家都会遇到售后退款激增的问题。商家可以借助"售后小助手"这个工具来高效地自动处理售后退款问题,如图 10-15 所示。这样,商家就不用在售后环节额外调配员工,也不用担心 DSR 评分会受到影响。

图 10-15　"售后小助手"工具

(2)商家可以进入图 10-16 所示的"售后设置"页面,添加售后联系方式和退货地址。商家添加售后联系方式后,客户在订单页拨打此电话即可快速联系商家。

(3)工单管理主要用于查询相应时间段内的工单状态,其页面如图 10-17 所示。

(4)小额打款主要是为了方便商家给客户退运费、补差价等一些小金额的转账操作,可以有效减少店铺的售后纠纷,提升店铺服务质量并有效提升店铺销量。图 10-18 所示为"小额打款"页面。商家可以在后台查询相应订单号并打款，需要填写打款的类型、金额并给客户留言。打款成功后一般会即时到账。

图 10-16 "售后设置"页面

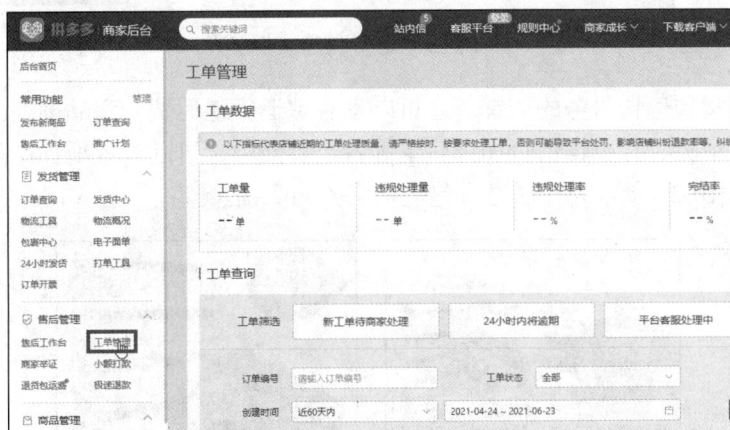

图 10-17 "工单管理"页面

图 10-18 "小额打款"页面

（5）由运费产生的争执也是拼多多售后处理中常见的问题。拼多多推出的退货包运费服务，就是为了减少关于运费的纠纷。商家开通该服务后还可以增加店铺搜索权重。图 10-19 所示为退货包运费服务。

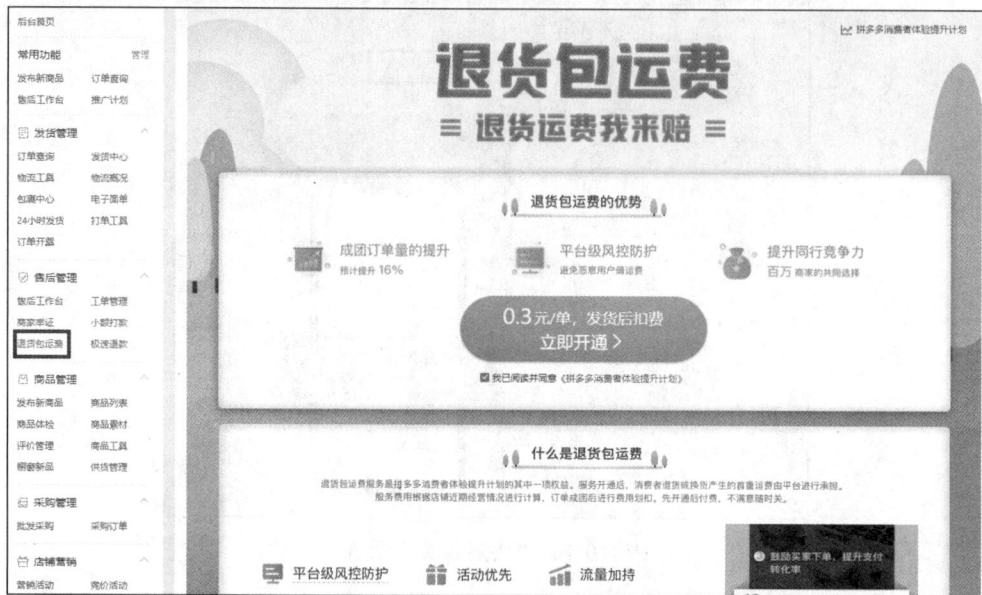

图 10-19　退货包运费服务

（6）开通退货包运费服务的店铺，还可以享有"退货包运费"商品标签。该标签显示在商品详情页、下单页、订单详情页和售后单等各个页面中，可以有效增加商品的转化率并提升客户黏性。图 10-20 所示为开通退货包运费服务的店铺。

图 10-20　开通退货包运费服务的店铺

（7）极速退款是拼多多平台为提升客户体验而推出的售后服务，主要针对非虚拟类目下订单金额小于 300 元的商品。客户在订单确认 6 小时内申请退款且商家还未发货，即可执行极速退款操作。图 10-21 所示为极速退款。

图 10-21　极速退款

10.2　今日头条营销实战

今日头条是目前规模较大、运营稳定、用户群较广的自媒体平台，越来越多的人开始在今日头条平台上营销。

10.2.1　头条号推荐机制

今日头条是以用户浏览资讯为主的平台，而头条号是今日头条旗下的媒体/自媒体账号，主要为今日头条提供优质的原创内容，头条号类似于微信公众账号。今日头条通过智能推荐引擎对这些优质内容进行精准分发，使其获得更多曝光。

头条号推荐机制的基本规则是：首先，文章通过审核后，机器人会将文章推送展示给用户和相关关键词人群；然后，机器人会分析用户的阅读速度和停留时间，判断是否扩大文章的推荐范围。

头条号的具体推荐机制如下。

（1）专注于某一领域。平台都喜欢专业性强的作者，作者专注于一个领域，才能更集中自己的优势，显现出自己在这个领域的专长，才能更好地被头条号和用户喜欢和发现。简单地说，作者发布的文章不能一篇是关于旅游的，一篇是关于汽车的，另外一篇又是和娱乐相关的。

（2）原创内容越多推荐度越高。原创功能是为了鼓励更多的优质作者来今日头条创作，它要求作者发布的文章或视频是自己原创的。

（3）内容质量越高推荐度越高。优质的内容才是根本，这一点毋庸置疑。优质内容是指用户看过该内容后感觉有收获，学习到了技能，了解到了常识，获取了娱乐资讯，得到了精神上的放松等。

（4）点击标题并读完文章的人越多，推荐度越高。发布文章的时候，标题非常重要，只有标题吸引人，才能吸引用户点击。但不建议做"标题党"，如果文章内容不好，用户点击完就走，读完率就会很低，这样会影响推荐量。

（5）分类明确。文章兴趣点越明确，推荐度越高。分类就是要把文章主题放到相应的分类中去，如新闻、社会、娱乐、电影等。

（6）互动数、订阅数。用户越活跃，推荐度越高。用户活跃表现在评论、点赞、分享等方面。好的文章自然会吸引用户互动并分享。

（7）站外热度。在互联网上关注度越高的话题，推荐度越高。所以，作者发布热点话题也能快速获得更大的推荐量。

（8）发文频率。发文频率高、保持活跃很重要，无论哪个平台都喜欢更活跃的作者，因为这样才能够源源不断地产出信息。

10.2.2 开通自营广告营销

自营广告是头条号特有的一种开放、自由的推广方式。自营广告由头条号作者自主上传推广素材，在内容页面进行展示。自营广告会展示在今日头条 App 相关文章的下方。对于经营今日头条的自媒体人来说，流量挣钱的时代已经过去。自营广告已经成为自媒体营收的一大来源。

已加入创作者计划，且今日头条和西瓜视频粉丝总数满 1000 人的作者，可以在今日头条 App 的"我的"→"创作中心"→"创作权益"中进行相关操作；或者在 PC 端头条号后台选择"成长指南"→"创作权益"→"自营广告"→"申请开通"，如图 10-22 所示。

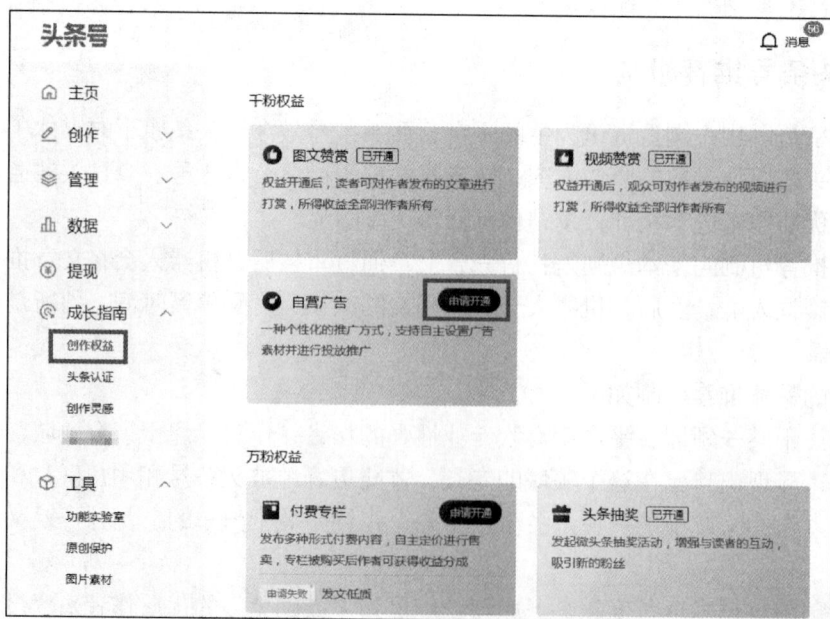

图 10-22 PC 端头条号后台

登录 PC 端头条号后台，单击"数据"→"收益数据"→"自营广告"设置自营广告，如图 10-23 所示。此页面可以实现设置类型、预览上传的图片、落地页链接、选择行业、资质证明等功能。自营广告信息是需要审核的，它对行业、素材都有相关限制。自营广告素材审核需要 1～3 个工作日。

完成自营广告设置后，登录 PC 端头条号后台完成文章编辑，在发文设置区单击"投放自营广告"单选按钮，如图 10-24 所示。

投放自营广告后，作者可以在 PC 端头条号后台"数据"→"收益数据"→"自营广告"中查看 7 天、14 天、30 天或者自定义时期的数据，如图 10-25 所示。

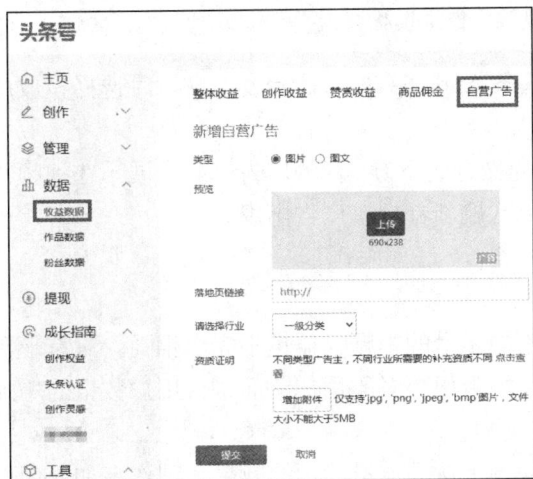

图 10-23　设置自营广告　　　　　图 10-24　单击"投放自营广告"单选项

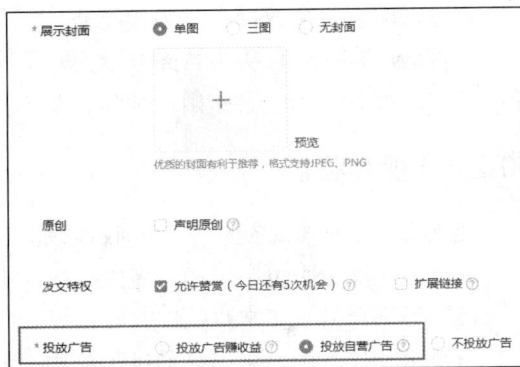

图 10-25　查看自营广告收益数据

10.2.3　投放广告赚收益

对于在今日头条发布文章的作者而言，只要文章有人点击，作者就会有广告收入。具体的广告收入要根据文章的质量来决定。

投放广告赚收益是头条号作者将广告位委托给头条号平台代为运营的一种形式。图 10-26 所示为选择投放广告赚收益。头条号平台会对用户和广告内容进行智能匹配，实现精准推广。

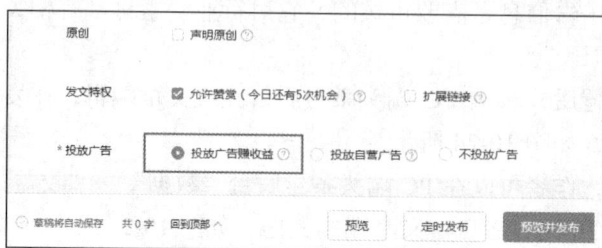

图 10-26　选择投放广告赚收益

已开通文章创作收益权益的作者，在今日头条 App 和头条号后台发布文章时选择投放广告赚收益，即有机会获得文章创作收益。

广告会展示在今日头条 App 中投放了广告的文章的下方。视频广告一般会展示在视频开始或结尾的地方。为了平衡用户体验，并不是每次刷新都会有广告出现。

10.2.4　视频收益

视频收益是许多短视频平台的收益来源，不同平台的视频收益也不完全相同。只有平台提供收益，才能吸引更多新创作者加入，才有可能吸引更多的用户，而平台用户数量的增加又反过来为平台带来了丰厚的广告收益。

自媒体时代，创作者可以通过上传自己的视频来达到流量营销的效果。创作者加入创作者计划后，默认开通视频收益，发布横版视频并声明原创；产生播放量后，将按照平台规则计算视频收益。平台的收益计算规则不是一成不变的，往往和平台的流量密切相关。

高收益来自高流量。一般情况下，视频收益是根据视频的播放量、原创度、内容质量、粉丝播放量、点赞评论数量、视频观看时长等因素来综合评估的。不同的创作内容所吸引的受众群体不一样，带来的视频收益也会存在一定的差异。

创作者发布短视频作品后，可以查看具体产生的收益数据，查看方式如下。

在 PC 端头条号后台单击"数据"→"收益数据"→"视频收益"，如图 10-27 所示。

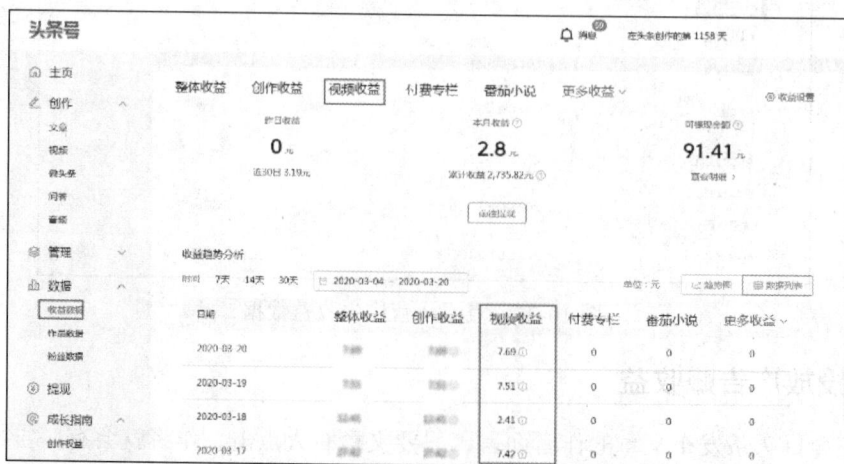

图 10-27　查看视频收益

10.2.5 问答赚取收益

问答社区专注分享知识、经验、观念。在这里，几乎所有人都能找到答案、参与讨论。用户回答问题还可以赚取收益。通常情况下，问答创作收益跟创作者的回答质量、阅读量、阅读时长等因素有关，所以并不是发布了回答就能有收益。

自 2020 年 1 月 13 日起，粉丝数（含西瓜视频粉丝）超 100 人且账号类型非国家机构或其他组织的创作者，可前往今日头条 App "我的" → "创作中心" → "创作权益"，单击 "问答创作收益" 卡片内的 "申请开通" 按钮，开通对应的权益。图 10-28 所示为申请开通问答创作收益。

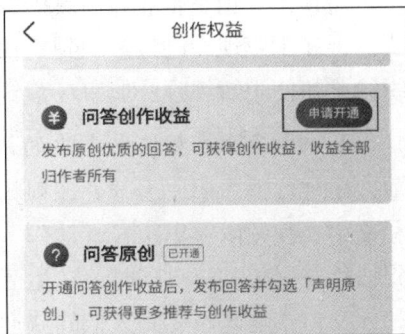

图 10-28　申请开通问答创作收益

开通问答创作收益权限的创作者，可通过今日头条 App 和 PC 端头条号后台发布回答来获得问答创作收益。创作者可单击今日头条 App 首页 "发布"，选择 "问答" 选项，如图 10-29 所示，然后挑选自己感兴趣的问题，成功发布原创的回答，即有机会获得问答创作收益。图 10-30 所示为选择问题回答。

图 10-29　选择 "问答" 选项

图 10-30　选择问题回答

10.3　抖音短视频营销实战

近两年抖音等短视频平台强势崛起，用户规模迅速增长，聚集成庞大的流量洼地。短视频火爆起来之后，抖音平台不仅吸引了众多普通人和名人入驻，还吸引了很多企业和商家入驻。目前，越来越多的企业和商家开始使用抖音短视频开展市场营销活动。

10.3.1　短视频营销优势

短视频营销是企业和商家借助短视频这种媒介形式进行营销的一种方式。很多企业现在已经意识到短视频是提升品牌知名度的有效方式之一，纷纷开始使用短视频开展市场营销活动。短视频营销的优势如下。

1. 短视频是大脑更喜欢的语言

研究数据表明，大脑处理视频的速度要比纯文字快很多倍。从人体本能来说，比起图像和文字，视频内容集声音、动作、表情于一体，更具视觉冲击力，可以让用户更真切地感受到情绪并引起共鸣。同时，在生活节奏越来越快的时代，短视频这种碎片化的信息获取方式和社交方式越来越受到人们的欢迎。

2. 品牌传播

短视频可以轻松地植入品牌广告，向用户传递品牌形象。在短视频中，产品形态是多样化的，产品维度可以是人、画面、场景、情节等，用户的接受程度更高，同时用户还可能对短视频进行二次传播。

3. 互动性强

短视频主播可以和用户互动，每个用户都可以对短视频进行点赞、转发、评论。用户在评论区对主播及内容做出评论后，主播一般会针对评论做出回应。当用户看到自己的评论被回复时，评论的积极性自然就更高了。

10.3.2　通过抖音短视频卖货营销

从 2018 年开始，抖音就逐步引入了商品橱窗、购物车、自营店铺等功能，逐步引导创作者利用短视频或直播进行电商变现。短视频带货有天然的感官刺激优势，相较于图文、音乐的刺激，短、平、快的视频节奏更能够刺激用户在短时间内快速做出购买决策。而且用户在观看短视频时可直接点击购买，不用链接到其他平台，这种形式带来的转化率非常高。

也就是说，只要用户看到了广告，点击进入详情页，大多会快速做出买与不买的选择，从而极大地提高了成交率。现在很多拥有大量粉丝的抖音账号，其短视频中会出现黄色购物车按钮，如图 10-31 所示。用户点击该按钮就会弹出商品对话框，再点击"去看看"可直接链接到商品店铺，如图 10-32 所示。

图 10-31　黄色购物车按钮

图 10-32　商品店铺

10.3.3 通过抖音短视频做广告营销

抖音广告常见的投放形式有信息流广告、开屏广告、贴片广告、达人合作等。

1. 信息流广告

信息流广告是在抖音 App 的"推荐"页面出现的广告，如图 10-33 所示。该页面是用户日常"刷"得最多的页面。信息流广告也称原生广告，是目前效果比较好的一种广告。这种广告的主要优点是能够自然地融入用户所浏览的内容中。

抖音通过精选优质短视频，采用下滑即推荐新的短视频的方式，让用户可以持续在抖音 App 内观看短视频。在用户下滑观看新的短视频时，抖音会不定期插入信息流广告，用户如果对该广告有兴趣，则会点击该广告做进一步的了解。

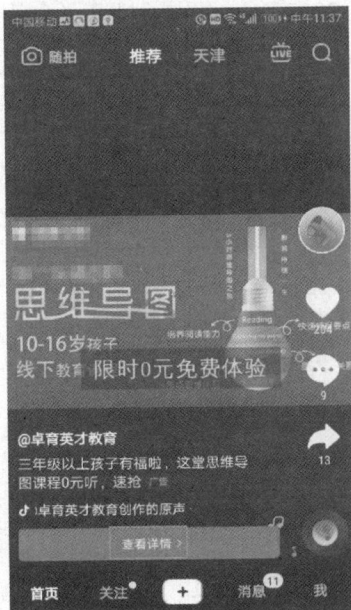

图 10-33 信息流广告

2. 开屏广告

开屏广告是很常见的营销形式，几乎成为所有 App 的标配。抖音开屏广告即在抖音 App 启动时展现的广告，广告播放完毕后进入"推荐"页面。开屏广告的优势很明显，就是曝光效果好，用户只要打开抖音 App 就能实现曝光。其缺点也很明显，就是价格高。开屏广告比较适合品牌型的用户，同样也适合追求曝光的用户。

3. 贴片广告

贴片广告的优势是用户体验感非常好，用户接受度高，互动时间长。贴片广告能激发用户主动传播，用户分享后，可触发二次传播。贴片广告的广告形式生动，有助于提升品牌在抖音用户中的好感度。

4. "达人"合作

"达人"合作需要经过抖音官方的申请，由抖音官方进行需求匹配，按照广告主合作套餐匹配相关量级的"达人"。这种广告的优势是能够借助"达人"的影响力来增强传播效果，如果创意足够好、能够上热门，那么曝光量会呈现指数级增长。

（1）内容定制：为用户提供符合抖音调性的视频内容定制。

（2）"达人"营销：借力"达人"的影响力和创意能力实现品牌营销内容传播。

（3）原生传播："达人"合作视频可正常进入推荐流，在抖音站内原生传播。

（4）二次传播：视频内容可用于其他平台二次传播。

10.3.4 通过抖音宣传品牌

在传播形式日益多元化的今天，越来越多的品牌发现了抖音的营销宣传价值。抖音独特的短视频模式让许多品牌形象变得立体化；品牌借助抖音平台增加传播的互动性、趣味性后，也使其影响力更具穿透性，比电视广告更能打动用户。

作为营销界的翘楚，小米在 2017 年就看到了抖音平台的价值，并开始投入抖音运营，将企业号经营得风生水起，成了各大品牌争相羡慕的对象。图 10-34 所示为小米手机抖音账号，它宣传了小米的品牌形象。

图 10-34　小米手机抖音账号

案例分析

海尔全员玩抖音

在流量红利逐渐消失的互联网下半场，短视频所带来的全新流量成了各方角逐、深耕的新"战场"，也成为企业转型路上的新方向。和传统的图文相比，短视频的表现力更强，承载的信息量也更大。

海尔集团在 2020 年年底正式宣布，其 102000 名员工全部玩抖音。在其他企业还在将短视频营销的任务交给 KOL 的时候，海尔已经秉持"人人都是销售"的理念，最大限度地发挥了员工的线上营销作用。10 万名员工每人 1000 粉丝，加起来就有 1 亿粉丝，比大多数艺人的粉丝都多。如果每人每天发布 1 条短视频，按照同城推荐最低 500 次曝光来计算，10 万名员工就有 5000 万次曝光。而且 10 万名员工发短视频所形成的短视频内容矩阵，也是 KOL

移动电商（微课版　第2版）

所无法比拟的。

全员营销所带来的巨大商机也被抖音官方看到了。近期，抖音平台大力推动本地生活流量，助力同城线下企业和商户进行线上营销。同时，抖音平台开放接口给各大短视频营销服务商，让其进行系统开发。

思考题：

（1）海尔是如何进行全员抖音营销的？

（2）请阐述通过抖音宣传品牌的方法。

【成功原因解析】

现在很多企业已经意识到抖音巨大的营销价值，小米、华为、格力、海底捞、可口可乐、王老吉、海尔等品牌，都开始入驻抖音。对于已经发展到成熟阶段的企业来说，如海尔、格力、小米、华为等，除了目的性更强的有效流量营销外，品牌营销也必不可少。对于这些企业来说，品牌在各个平台铺设的主要目的是接触用户，挖掘潜在用户，积累口碑，树立良好的品牌形象。

练习与思考

一、选择题

1.（　　）需要客户邀请多个朋友进行砍价。客户在规定时间内找到相应数量的朋友进行砍价，就能免费拿到商品。

  A．砍价免费拿　　　B．拼团　　　　　　C．限时秒杀

2.（　　）是平台与商家之间一个非常重要的沟通渠道，其中有很多关于拼多多的知识和学习教程。

  A．标题栏　　　　　B．站内信　　　　　C．平台动态

3.（　　）主要是为了方便商家进行给客户退运费、补差价等一些小金额的转账操作。

  A．售后管理　　　　B．工单管理　　　　C．小额打款

4.（　　）是平台为提升客户体验而推出的售后服务，主要针对非虚拟类目、订单金额小于300元的商品。

  A．极速退款　　　　B．退货包运费　　　C．小额打款

5.（　　）是头条号所特有的一种开放自由的推广方式。

  A．头条广告　　　　B．自营广告　　　　C．视频广告

二、判断题

1．拼团活动主要使用裂变方式促使参与者疯狂地自发传播。　　　　　　　（　　　）

2．客户可以通过 App、公众号以及小程序等多个渠道进入拼多多购物。（　　　）

3．商家开通24小时发货服务后，商品发货时间可以在24小时以上。　　（　　　）

4．原创功能是为了鼓励更多的优质作者来今日头条创作，但要求所发布的文章或视频是作者自己原创的。　　　　　　　　　　　　　　　　　　　　　　（　　　）

5．短视频广告是头条号所特有的一种开放自由的推广方式。   （　　）

三、复习思考题

1．头条号的推荐机制是怎样的？

2．什么是视频收益？

3．短视频营销优势有哪些？

4．抖音广告常见的投放形式有哪些？

任务实训

实训目标

假设你是一名自媒体创作者，你需要通过今日头条文章创作来实现自身的价值。

实训要求

开通自营广告营销。

（1）注册申请头条号。登录PC端头条号后台，单击"注册"，选择账号类型（个人或机构），填写并提交申请资料，进行实名认证。

（2）在头条号发布文章。登录PC端头条号后台，单击"主页"→"创作"→"文章"即可发布内容，在发布文章时添加自营广告。

（3）发布微头条。登录PC端头条号后台，单击"主页"→"创作"→"微头条"即可发布微头条。